Caterina Li Rosi

Entdeckung der Wirklichkeit: Wir sind Götter

Impressum
Alle Rechte vorbehalten
Deutsche Erstausgabe
© Copyright 2019 Genius Verlag, Bremen
www.genius-verlag.de
info@genius-verlag.de

Lektorat: Dagmar Neubronner, www.genius-verlag.de
Cover und Layout: Norman Gronostay, www.meisterwebsites.de
Druck: Finidr, Tschechische Republik
1. Auflage Oktober 2019
ISBN: 978-3-934719-61-3

Bildnachweise
Sofern nicht anders angegeben, Gemälde von Jitka Petrova
 www.energie-aura-arbeit.at
Abb. S. 57 "Segnender Engel" Gemälde von H.G. Leiendecker,
www.christusundengelbildershop.de/
Abbildungen von Adobe Stock Nr. 173668487 (S.15)
245507415 (S.35), 144962626 (S.55), 76142163 (S.71),
68956669 (S.81), 1153084 (S.87)
https://stock.adobe.com/de

Inhalt

Die Schöpfung der Wesen

Mutter Manu saß mit ihren Kindern am Ufer der Lebensquelle und beobachtete den spielenden Nachwuchs. Vergnügt und unbekümmert tanzten sie im Licht des Lebens und erfreuten sich ihrer Existenz. Die Lebensquelle hatte sie alle erst kürzlich aus ihrem Inneren hervorgebracht und ins Leben geboren. Jedes einzelne Wesen war ein individueller Ausdruck der Lebensquelle, ein einzigartiger Aspekt ihres unendlichen Wesens, ein Spiegelbild ihrer Persönlichkeitsanteile. Alle Wesen in allen Dimensionen spiegelten in ihrer vollständigen Gesamtheit die Urquelle. Wie ein Körper aus vielen Teilen und Organen besteht, so waren die einzelnen Wesen Aspekte der Quelle. Aus ihrer Tiefe kamen ständig neue, bisher verborgene Aspekte hervor, wie eben diese neuen Lichtkinder.

Jedes einzelne Wesen war ein individueller Wesensteil der Quelle, das sich nun im Raum der Dimensionen erfahren und erkunden wollte.

Noch waren sie unerfahren. Sie standen ganz am Anfang ihres Daseins in den Dimensionen des Lebens.

Mutter Manu hatte Freude daran, sie an ihre neuen Erfahrungen heranzuführen. Deshalb begleitete sie die neu geborenen Wesen und führte sie ein in ein Leben außerhalb der Quelle. So erzählte sie den neuen Lebewesen immer wieder Geschichten aus den früheren Erlebnissen und Lebensspannen der viel älteren Wesenheiten, die schon viel früher aus der Quelle hervorgebracht worden waren.

Die Kinder freuten sich immer sehr auf die gemeinsame Zeit mit Mutter Manu, denn es war stets interessant und spannend für sie, was diese zu erzählen wusste.

Liebevoll rief sie nun eins nach dem andern zu sich und sammelte alle Kinder im Kreis um sich herum.

"Ihr dürft euch wieder wünschen, worüber wir sprechen wollen," sagte

Mutter Manu. „Was möchtet ihr heute gerne wissen?"

"Erzähl uns doch noch einmal die Geschichte, wie Luca einen Korridor in den Dimensionen erzeugte, um seinen eigenen Schöpfungsbereich zu erschaffen!" riefen die Kinder.

Mutter Manu atmete tief ein. Die kleinen Seelen konnten nicht genug bekommen von der Erzählung dieses besonderen Ereignisses, das die gesamten Dimensionen erschüttert und alle Wesenheiten in allen Graden der Feinstofflichkeit und Dichte für Äonen in seinen gewaltigen Bann gezogen hatte.

Dieser besondere Abschnitt im Leben der All-Einheit war in der Tat sehr dramatisch, aber auch sehr lehrreich für alle Wesen gewesen. Das gesamte Leben hatte sich dadurch für immer verändert. Dieser Vorfall durfte niemals in Vergessenheit geraten. Er stand als mahnendes Beispiel für alle Schöpferwesen. So eine Tragödie durfte sich niemals wiederholen. Gut, dass die Kinder sich dieses Ereignis besonders einprägen wollten. So begann Mutter Manu, den Nachwuchs nochmals in alle Einzelheiten einzuweihen:

Der große Geist, der Urquell allen Lebens projizierte sich selbst, seine individuellen Aspekte in den Raum des Lebens. Er goss sein Bewusstsein in das Feld aller Möglichkeiten, und somit wurden unendliche Lichtfunken seines Seins im Raum sichtbar.

Sie waren alle reines Bewusstsein aus der Tiefe der Quelle, Energiefelder, die aus der ekstatischen Vereinigung verschiedener Aspekte gezeugt worden waren. Sie spiegelten sich in den Dimensionen des Lebensraumes. Dadurch konnten sie sich selbst erfahren, erkennen und weiter entwickeln.

Jedes Fragment der Urquelle war ein Hologramm der Quelle, vollkommen identisch mit ihr, und doch war jeder Aspekt im Keim einzigartig. Alles war pure, sich ihrer selbst bewusste, fühlende Energie. Durch die Projektion in den Raum hinein konnte sich jeder Lebensfunke jedoch im Spiegel der Dimensionen betrachten. Mit der Erfahrung entwickelte jedes Fragment eine einzigartige Individualität.

Die gezeugten Wesen standen in ständiger Verbindung und in liebevollem Austausch mit der Quelle. Von dort erhielten sie ununterbrochen ihre Lebenskraft und Impulse für ihren freudvollen Tanz. Die Quelle war wie ein

Herz, aus dem alle Ideen entsprangen und das alle ihre Wesensfragmente mit Lebenskraft im Überfluss versorgte. Die Quelle durchflutete alles mit Freude, Inspiration und Schöpferkraft.

Somit waren die Wesenheiten wie lebendige Herzensgedanken, die aus dem Urgrund ausgesendet worden waren, um die Ideen der Quelle zu manifestieren.

Wie Galaxien, in denen alle Planeten, Sonnen, Monde und Sterne um ihr Zentrum kreisen, so umkreisen die Wesensfunken gemeinsam die Quelle.

Sie spielten, tanzten und tönten freudig miteinander in den Dimensionen des Lebens, wodurch sie ihr individuelles Sein entfalteten. Indem sie ihre Energiefelder gemäß der Inspiration aus der Quelle in Liebe und freudiger Ekstase vereinten, erzeugten sie weitere einzigartige Gotteskinder. In harmonischer Übereinstimmung erschufen sie gemeinschaftlich ihre eigenen Lebensräume und weitere göttliche Lebewesen mit einzigartiger Individualität.

Alle ihre Neuschöpfungen waren zum Wohle und zur Freude aller Wesen. Die gesamte Schöpfung war licht und farbenfroh.

Die Quelle hatte ihnen einen Schöpfungsrahmen gegeben. Ihre Schöpfungen sollten ausschließlich in der Harmonie der Polaritäten stattfinden. Sie sollten stets ein ausgewogenes Gleichgewicht der Kräfte und die Einheit des großen Ganzen bewahren.

Im Spiel mit den unendlichen Polaritäten der unterschiedlichen Energien gab es die Spielregel, stets ausgleichend und vereinend zu wirken und niemals spaltend.

Alles, was die Wesen sich wünschten, wurde im gleichen Augenblick Wirklichkeit. Die gesamten Schöpfungsräume waren erfüllt von den glückseligen Gesängen der göttlichen Wesen, die in harmonischen Tänzen ihrer Einzigartigkeit Ausdruck verliehen.

In einem bestimmten Moment kamen sie auf die Idee, im Meer der unbegrenzten Möglichkeiten Energie für einen kurzen Moment so zu verlangsamen, dass sich diese Energie zu einer Form verdichten konnte. Sie reduzierten die Eigenschwingung der Energie, damit für einige Momente die Illusion einer Form aufgebaut werden konnte. Hierfür entfalteten sie eine Dimension mit Zeit und Raum, in der die Energie Form annehmen und wieder vergehen konnte.

Unendlich viele Formen entstanden und vergingen. Es war ein freudiges Experimentieren, ein großes Fest für die Wesen. Etwas ganz Neues hatten sie entdeckt.

So beschlossen sie, wie einst die Urquelle, ihr Bewusstsein in die Formen auszusenden, um zu erfahren, wie es sich anfühlte, leichte Begrenzungen zu haben, nicht mehr unendlich weit und durchlässig, mit allem verbunden zu sein, sondern sich auf ein bestimmtes Feld zu konzentrieren. Sie erschufen sich flüchtige Körper, mit denen sie wichtige Funktionen des Bewusstseins in der Welt der Formen ausdrücken konnten.

Mit diesen Körpern konnten sie in der Welt der Formen wirken. Da die Formen und Körper nur für wenige Momente der von ihnen erschaffenen „Zeit" Bestand hatten und bald wieder vergingen, war es ein unterhaltsames Experiment, um sich selbst in neuen Lebensräumen zu erfahren und um unter besonderen Bedingungen zu wirken.

Immer mehr Wesen entdeckten so die Welt der Formen für sich als neues Spektrum der Selbsterfahrung.

Weitere Formenwelten wurden erschaffen. Für jede weitere Welt, die hervorgebracht wurde, wurde die Eigenschwingung der Energie spielerisch herabgesetzt, bis sie in der Form beinahe erstarrte. Auch hier waren Wesen freudig bereit, diese neuen Erfahrungsräume auszuprobieren und zu bewohnen.

Alles erfolgte im Einvernehmen mit der Quelle und in ihrem Sinne. Jede Schöpfung geschah gemeinschaftlich und im Einklang mit den Spielregeln, zum Wohle und zur Glückseligkeit aller Wesen, sowie in hingebungsvoller Liebe untereinander. Von den höchsten, feinstofflichen Welten bis zu den niedrigeren, in ihrer Energie verdichteten Welten führte jeweils ein Korridor mit einem Dimensionstor. Während die Wesen den Korridor durchquerten und hinabstiegen, mussten sie ihre Energieschwingung deutlich verlangsamen, um in die geschaffenen Formen eingehen zu können. Das ging mit einigen Verzerrungen des Energiefeldes einher und war zunächst etwas unangenehm. Es war aber ungefährlich, weil sie, sobald die Form, die sie belebt hatten, wieder vergangen war, automatisch wieder in die hohe Schwingungsebene aufsteigen konnten.

Wie das Reich des Todes erschaffen wurde

Die einstmals aus der Quelle entsprungenen Energiefelder hatten sich in unendlichen Äonen inzwischen zu gewaltigen individuellen Schöpferwesen entwickelt. Jedes hatte seine einzigartigen Erfahrungen gemacht und eigene Vorlieben entwickelt.

Eines von ihnen war Luca, ein mächtiges Schöpferwesen von gewaltiger Schönheit und unendlichem Ideenreichtum. Er hatte maßgeblich dabei mitgewirkt, die Verdichtung der Energie zu materiellen Formen zu verwirklichen. Die Herabsetzung der Energieschwingung bis in die materiellen Formen war seinem Geist entsprungen. Er war ein Experte für die Verdichtung von Energie und für die Erzeugung der vorübergehenden Illusion von Form.

Auf diesem Gebiet wollte er noch weiter experimentieren. Dennoch stand sein neuestes Vorhaben nicht im Einklang mit den Spielregeln der Quelle. Um dieses Projekt zu verwirklichen, würden nämlich das Gleichgewicht der Kräfte und die Harmonie der Polarität aufgehoben werden müssen. Luca wollte in seinem Experiment die Einheit des Ganzen spalten, um Dualität zu erzeugen. Die Energie der Quelle floss ihm dafür nicht in vollem Maße zu. Da erkannte er, dass sein Vorhaben nicht im Einklang mit den Schöpfungsgesetzen stand. Zunächst hielt er inne. Er hatte eine Idee, die nicht verwirklicht werden konnte, weil er von der Quelle dafür keine Energie bekam. Zum ersten Mal in seiner grandiosen Existenz erlebte er eine tatsächliche, nicht spielerisch von ihm selbst erschaffene Grenze.

Doch der Gedanke ließ ihn nicht mehr los. Pausenlos musste er drüber nachsinnen. Wie schön wäre seine Schöpfung gewesen. Er gewann Gefallen an dem Gedanken, etwas ganz Eigenes zu erschaffen, ohne Unterstützung der Quelle. Er könnte ganz unabhängig werden von der Quelle und alle seine Ideen verwirklichen. Seine Überlegungen nahmen immer mehr Raum in seinen Gedanken ein, und an einem bestimmten Punkt fasste er den Beschluss, es zu wagen. Er wollte eine Schöpfung hervorbringen, die nicht mehr im Einklang mit dem Schöpfungsrahmen der Quelle des Lebens stand. Er wollte sich mit seinem eigenen Projekt voll und ganz selbst verwirklichen.

In seiner Seelengruppe von Schöpfergöttern gab es weitere Geschwister, die dieses Vorhaben grandios fanden und es gemeinsam mit ihm durchführen wollten.

Sie trauten ihm zu, etwas noch Gewaltigeres zu gestalten als das, was sie schon seit unendlichen Äonen getan hatten: Ihr Ziel war eine vollkommen neue Schöpfung mit ganz neuen Spielregeln. Sie hatten es satt, ständig um den Urgrund zu kreisen und von ihm beatmet und inspiriert zu werden.

Eine neue Schöpfung wollten sie für sich selbst gestalten. Sie sollte getrennt sein von der Einheit des großen Ganzen und nicht mehr dem Wohle aller dienen, sondern ihrem eigenen höchsten Wohl.

Und so geschah es. Luca und seine Gefolgschaft konzentrierten gemeinsam ihren ganzen Willen und ihre Vorstellung auf diese neue Idee. Mittels ihrer gemeinsamen Intention und ihrer gewaltigen Schöpferkraft erschufen sie eine vollkommen neue und unbekannte Dimension. In demselben Moment ereignete sich eine noch nie dagewesene Erschütterung, die alle bereits erschaffenen Dimensionen durchzog. Alle Lebensbereiche erbebten in höchster Dramatik, und alle Lebewesen darin erschraken fürchterlich. Gewaltige Energieblitze rasten durch die Firmamente, und mit einem gewaltigem Donnern und Beben tat sich ein monströser Korridor auf, der in einen unüberschaubar tiefen, finsteren Abgrund führte. Dieser Korridor stülpte sich direkt aus der materiellen Welt der festesten Dichte wie eine lang gezogene Blase in die Tiefe der Dunkelheit. Die Schöpferwesen, die diesen Korridor hervorgerufen hatten, wurden im selben Moment in einem gewaltigen Sog in den erzeugten Korridor gezogen und in die Tiefe des Abgrunds hinabgeschleudert.

Der vereinte Lebensraum, der stets eine Harmonie zwischen den polaren Kräften geboten hatte, war gespalten worden. Von nun an existierte eine Dimension, in der Dualität herrschte. Das Reich des Guten und des Bösen war erschaffen worden.

Diese neue Dimension befand sich außerhalb des Schöpfungsraums der Quelle des Lebens. Sie wurde nicht versorgt mit Energie und Leben, es gab

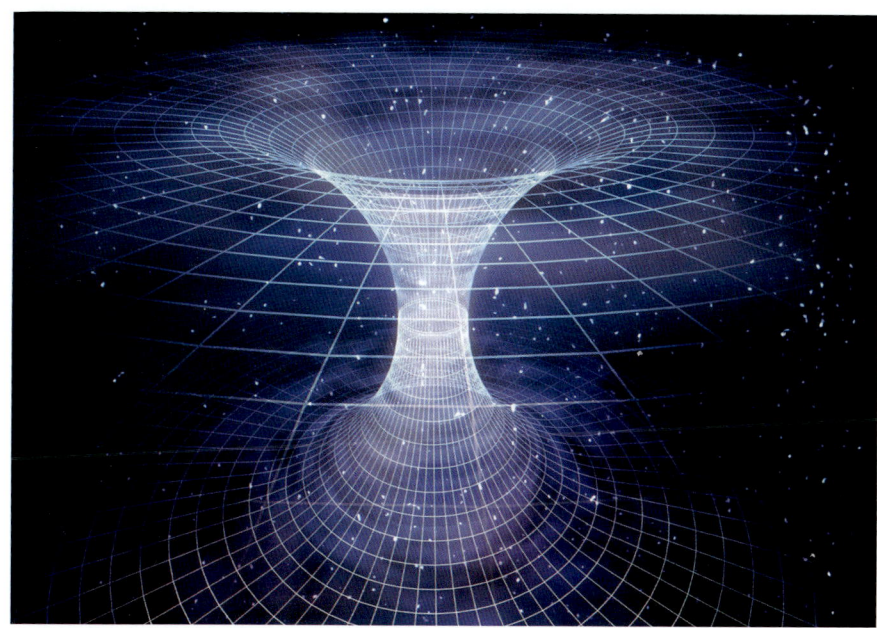

dort weder Leben noch Licht. Es war der Raum der Abwesenheit des Lebens, deshalb wurde er Hades genannt, Raum des Todes. Dieser Ort wurde zum Tummelplatz für Neuschöpfungen in Abwesenheit des Lebens, fern der Quelle und entgegengesetzt zu ihren Regeln. Diese Schöpfungen kreisten nicht mehr um den Urgrund, sondern waren allein auf sich gestellt.

Der Hades war ein Entwicklungsraum für etwas, das von der Quelle nicht vorgesehen war, weil es nicht dem Wohle aller diente.

Allen Wesen in allen Dimensionen stockte der Atem. Das Leben blieb einen Moment lang stehen, und es gab einen Augenblick der Stille, in dem die gesamte Schöpfung erstarrte. Alles Leben, aller Gesang und Tanz waren für einen Moment erloschen. Alle Wesen starrten voller Grauen und Entsetzen auf den neu entstandenen Abgrund.

Dann erklang ein ohrenbetäubender Schmerzensschrei aus der Urquelle, der alle Wesen erschütterte.

Der Urgrund litt unerträgliche Schmerzen über den Verlust eines Teils seiner Glieder. Jedes Lebewesen fühlte diesen tiefen Schmerz. Ein wichtiger Aspekt der Urquelle war, vielleicht unwiederbringlich, verloren gegangen.

Ein Sammelruf der Urquelle erging in alle Dimensionen, sie bat ihre Kinder zu sich, um sich mit ihnen auszutauschen.

„Meine geliebten Kinder aus nah und fern. Aus allen Dimensionen, Universen und Galaxien, von allen Sternen, Planeten Monden und Sonnen habe ich euch zu mir gerufen. Denn es ist uns Fürchterliches widerfahren.

Einige eurer Brüder und Schwestern haben sich einen Weg geschaffen, aus dem Feld meiner Versorgung auszutreten, um Schöpfungen hervorzubringen, die nicht in meinem Sinne sind. Sie werden dort unten im Abgrund nicht lange überleben können. Ihre Entscheidung gegen die Einhaltung des Schöpfungsrahmens hat dazu geführt, dass sie nicht mehr von mir mit dem Atem des Lebens versorgt werden können.

Ich kann sie nicht mehr nähren. Sie sind nun gezwungen, einander die Lebenskraft zu rauben, um sich selbst zu erhalten, sowie die unerfahrenen Seelen auszusaugen, die in ihren Schwingungsbereich geraten. Die Starken überfallen die noch Jüngeren, Schwächeren und saugen ihnen meine noch in den Wesen vorhandene Lebenskraft aus den Seelen, bis sie vollständig leer und ausgebrannt sind.

Davon erhalten sich die Starken noch am Leben. Sie nutzen nun eine andere Energieform, Losch. Sie ist eine Verzerrung der reinen Energie aus der Quelle und entsteht, wenn die Wesen Todesangst haben, wenn sie unterjocht, gequält und ihrer Lebenskraft beraubt werden. Die Starken haben nun ihre Energieversorgung auf dieses Losch umgestellt.

Luca und seine Gefährten werden dadurch zwar noch genährt. Aber es ist keine Schönheit mehr an ihnen. Ihr Glanz und ihre Würde sind verloren. Durch den Konsum von Losch bekommen sie unharmonische, verzerrte Energiefelder. Sie haben sich inzwischen gut organisiert im Hades, aber die kleinen Seelen, die sich von ihnen auf diese niedrige Ebene haben locken lassen, leben in unendlicher Qual. Es gibt aus dem Hades kein Entrinnen für sie.

Wenn wir nichts unternehmen, sind sie für ewig dort in einer verzerrten, düsteren Formenwelt verloren und gefangen, weil ihnen die Energie fehlt, um sich aus der Verdichtung der Formen wieder empor in die Freiheit der Quelle zu begeben.

Meine Geliebten, wir können niemals mehr so unbekümmert glücklich

sein, wie wir es waren, während unsere Brüder und Schwestern im Hades so unendlich leiden und gequält sind.

Wir müssen ihnen helfen, wieder heimkommen zu können.

Um ihnen einen Rückweg zu ermöglichen, werde ich in dem Korridor zum Hades eine Dimension erschaffen, die noch zu unserem Schöpfungsbereich gehört, aber vom Hades aus durch einige wenige Tore betreten werden kann. So werden die Wesen im Hades zu einem bestimmten Zeitpunkt die Möglichkeit bekommen, langsam wieder in unseren Schöpfungskreis einzutreten und sich allmählich wieder mit Lebenskraft aufzuladen, um ihre Schwingung wieder so zu erhöhen, dass sie aus dem Korridor aufsteigen und wieder nach Hause kommen können.

Ich brauche dabei eure Unterstützung und eure Mitwirkung. Ich möchte aus allen Dimensionen und Reichen des Lebens Freiwillige in diese gefährliche Zone entsenden, um die gefallenen Brüder und Schwestern in Empfang zu nehmen und wieder auf den Weg ins Licht zu bringen. Ich werde alle nur erdenklichen Sicherheitsmaßnahmen treffen, damit keiner von Euch in den Hades stürzen und verloren gehen kann. Aber es wird für die Entsandten eine schwere, schmerzhafte Mission werden, den gefallenen Brüdern und Schwestern aus dem Hades zu begegnen. Denn sie sind inzwischen alle wahnsinnig geworden. Ihr könnt euch noch nicht vorstellen, wie zerstört diese einst so lichten Wesen nun sind.

Ein Raunen ging durch die Mengen und durchzog alle Dimensionen des Lebens. Alle sahen sich gespannt und verwundert an. Welch grandiose Idee, welch großer Rettungsplan. Wie genial. Alle wollten gern mitmachen.

Jo, die älteste der Wesenheiten, der Erste, der aus der Quelle hervorgegangen war, erhob sich und verneigte sich vor der Quelle: Vater-Mutter-Urgrund allen Lebens, du hast recht gesprochen. Wir können nicht mehr glücklich und vergnügt hier leben, wenn unsere Geschwister in unendlichen Qualen gefangen sind. Wir spüren ihren Schmerz und teilen deinen Gram. Mit Freude werden wir Deinen Plan mitgestalten. Wir werden nicht ruhen, bis alle unsere Geschwister wieder in Sicherheit hier leben können.

Er wandte sich um zu den unendlichen Scharen der Lichtwesen. „Es wird eine schwierige Mission für uns alle. Wir alle werden beteiligt sein und die Aktion geschlossen und gemeinsam durchführen. Dafür werden wir aus

allen Dimensionen und Seelenfamilien die Reifsten, Erfahrensten und Mutigsten für diese Mission erwählen. Wir werden die Auswahl zusammen beratschlagen, und nur die Fähigsten sollen auf diese Reise geschickt werden. Auf diese Aufgabe werden wir sie gründlich vorbereiten und mit allen verfügbaren Informationen ausstatten. Die von uns Auserwählten werden in Gruppen in die gefährliche Zone gehen. Wir werden sie bis in den Korridor begleiten und aus dem Verborgenen so gut wie möglich unterstützen, um ihnen das Projekt so erträglich wie möglich zu gestalten. Aus den höheren Dimensionen werden wir alle verfügbaren Energien bereitstellen, um die Wendungen in der gefährlichen Zone günstig zu beeinflussen.

Die Freiwilligen werden auch immer wieder ausgewechselt werden, um lange Phasen der Regeneration zu erhalten. Alle anderen, die hier in Sicherheit verbleiben, sind für die Energiearbeit zuständig. Sie werden die neue, von der Quelle erschaffene Dimension mit zusätzlicher Energie versorgen und aufmerksam wachen, damit unser Vorhaben gelingt.

Gemeinsam werden wir es schaffen, unsere Geschwister wieder nach Hause zurück zu bringen, jeder auf seinem Platz und mit seiner persönlichen Aufgabe."

Ein lang anhaltender Applaus klang durch die Welten und Dimensionen. Seit der Schöpfung des Hades hatte es in den Räumen des Lebens keine solche Freude und Hoffnung mehr gegeben. Die Wesen fingen wieder an zu jubeln, zu tanzen und zu singen. Der Atemrhythmus der Urquelle pulsierte unter ihnen.

Jeder befand sich wieder an seinem angestammten Platz in der Schöpfung, und alle Wesenheiten tanzten erneut in vertrauten Symphonien, um die Quelle kreisend. Sie waren wieder in fast derselben glücklichen Ekstase wie vor der Spaltung.

Der Rettungsplan: Gaia, Planet der Begegnung

Jo hatte den Rat der Väter und Mütter einberufen. Aus allen Dimensionen, Dichtegraden, Multiversen, und aus allen Schöpfungsreichen waren die Vertreter der verschiedenen Gattungen erschienen. Sie waren die Begründer ihrer jeweiligen Lebensbereiche gewesen. Aus ihnen heraus, mit ihrer liebenden Absicht und in der Vereinigung der Kräfte war jeweils ein Universum entstanden. Unzählige Lebewesen, Seelengruppen und Seelenfamilien hatten darin ihren Ursprung gefunden.

Jedes Universum war aus dem Meer aller Möglichkeiten geschöpft und von den darin geborenen Wesenheiten ganz individuell gestaltet worden.

Im Verlauf ihrer verschiedenen Schöpfungsakte hatten die Wesen gemeinsam im Einklang mit der Urquelle aus dem Meer der unbegrenzten Möglichkeiten die unterschiedlichsten Spektren, Merkmale und Anforderungen hervorgebracht.

Nun waren alle Schöpfergötter und Schöpfergöttinnen wieder um die Quelle versammelt und beratschlagten, wie der Rettungsplan für die gefallenen Brüder und Schwestern konkret Gestalt annehmen könnte.

In der Zwischenzeit hatten sie bereits aus ihrer Mitte diejenigen Gottheiten erwählt, die für diese gefährliche Mission als die fähigsten und erfahrensten galten. Diese hatten sich auch freudig und voller Hingabe zur Mitwirkung bereit erklärt.

Aus jedem Schöpfungsreich wurde rege Beteiligung gemeldet. Jedes Wesen wollte irgendeinen hilfreichen Beitrag leisten. Für die Mitarbeit in Form einer tatsächlichen physischen Präsenz im Korridor waren aus jedem Universum die fähigsten Schöpfergötter bereitgestellt worden. Aber auch für die Begleitung und den Schutz der Gottheiten, die sich nun an diesem gefährlichen Ort verkörpern sollten, erklärten sich unzählige Helfer aus den unterschiedlichsten Schöpfungsräumen bereit.

Die Urquelle hatte bereits ein Lebensfeld für die Wesen gestaltet. An der engsten Stelle des Korridors, kurz vor dem Übergang in den Hades, hatte sie ein völlig neues Universum kreiert. Bisher war dies eine lichte, feinstoffliche Schöpfung. Die Materie war kaum verdichtet, und die Schwingung der Teilchen war sehr hoch.

Auch dieses Universum spiegelte die Ur-Schöpfungen. Alle Planeten, Sonnensysteme und Galaxien kreisten um einander und um einen Mittelpunkt. Sie wurden von ihrem Mittelpunkt durchpulst und durch die Urquelle mit Leben beatmet. Alle Teile standen in ständiger lebendiger Verbindung mit der Lebensquelle.

Ein Planet war bestimmt worden, um in diesem neu geschaffenen Universum der zentrale Treffpunkt für alle Wesenheiten zu werden. Hier sollte die Begegnung mit den Geschwistern aus dem Hades stattfinden, um ihnen wieder die Möglichkeit zu geben, ihre Todesschöpfung zu verlassen und sich wieder an die Lebensquelle anzuschließen. Es würde ein äonenlanger, schwieriger Weg für alle werden.

Nun begann die Phase, in der die ersten Gottheiten in die verdichtete Sphäre hinabsteigen sollten, um die jeweiligen Planeten, Monde, Sonnen, Galaxien zu beleben sowie mit weiterem Leben zu erfüllen. Sie würden für die Geschwister, die sich bald verkörpern wollten, die Lebensgrundlagen bereitstellen. Bei der Erschaffung der neuen Lebensräume waren alle Schöpfergötter aus allen Dimensionen anwesend. Das neue Universum erklang in den gemeinsamen Harmonien der Schöpfungssymphonie. Alle brachten ihre Liebe, Weisheit und ihre guten Absichten in den Schöpfungsakt ein. Das gemeinschaftliche, multidimensionale Rettungswerk wurde einmütig von allen Seelenfamilen mit höchster Leidenschaft erfüllt. Das Werk sollte für viele Äonen der Schauplatz einer Rettungsaktion nie dagewesenen Ausmaßes sein. Jedes Detail wurde mit größter Sorgfalt eingerichtet. Nichts durfte vergessen oder versäumt werden.

Die ersten Göttinnen, die in die Planeten und Sonnen abstiegen, um sich dort zu verkörpern und dem Planeten Leben einzuhauchen, waren Sonja aus dem Universum der unzähligen Lichter und ihre Schwester Gaia. Gaia hatte sich bereiterklärt, den Planetenkörper zu beseelen, der als Treffpunkt geplant war.

Sie gestalteten auf Gaias Planetenoberfläche ausgezeichnete Lebensbedingungen für die Geschwister, die bald in ihren physischen Körpern eintreffen würden. Gaia und Sonja sorgten für optimale Temperaturen, gemäßigtes Wetter, gesundes Wasser und fruchtbare Böden. Der Planet und seine Ausstattung waren ein Liebeswerk aller Dimensionen. Als die Bedingungen im Universum der Begegnung so gestaltet worden waren, dass die ersten Wesenheiten herabsteigen konnten, trafen sie nacheinander auf dem Planeten Gaia ein.

Alle Beteiligten wussten, dass es um den Abstieg in den Mangel an Lebenskraft gehen würde. Es war jedem Freiwilligen zwar bewusst, dass die Bedingungen in diesem Universum zu einer Reduzierung der Lebenskraft und einem Verlust der Verbindung zur Quelle führen würden. Aber wie sich dies im Laufe der Zeiten auf sie selbst auswirken würde, war unbekannt. Es war eine Mission in den Mangel und ins Ungewisse. Niemand konnte genau vorhersagen, wie das Projekt verlaufen würde, denn so etwas hatte es noch nie gegeben.

Aber alle Seelenfamilien waren sich einig, dass dieser Schritt gewagt werden musste, um wieder Einheit im Lebensquell herbeizuführen. Alle anderen, die nicht direkt absteigen würden, hatten sich bereit erklärt, die Freiwilligen mit allen nur möglichen Mitteln liebevoll zu unterstützen.

Noch waren die Ausgesandten feinstofflich, hatten lichte Körper und wurden voll durchflutet von der Kraft der Lebensquelle. Sie standen in stetiger Verbindung mit der Quelle und ihren Geschwistern in den anderen Dimensionen. Ihr Geist war weit offen, so dass sie immer noch vollkommen an ihre Herkunftsenergie angeschlossen waren. Es fehlte ihnen an diesem Anfangspunkt an nichts. Sie besaßen hochschwingende, feinstoffliche Körper und ernährten sich ausschließlich von der Lebenskraft der Urquelle, die von der Zentralsonne des Universums zu Gaia übermittelt wurde. Alle Lichtwesen benutzten ihre feinen Antennen, um diese feinstoffliche Energie aufzunehmen und in ihre Lebenskanäle fließen zu lassen. Die Beatmung von der Quelle und die Versorgung mit Lebensenergie war voll intakt, so dass die Schöpferwesen aus der Quelle mit allem versorgt wurden, was sie benötigten, um sich auf Gaia niederlassen zu können. Über ihre Antennen standen sie auch mit allen Dimensionen der Schöpfungen und mit ihren Heimat-

familien in ständigem Kontakt. Ein lebendiger Austausch von Energie und Informationen war gesichert. Sie tanzten, sangen und meditierten Tag und Nacht. Sie waren fröhlich und miteinander in vollkommenem Einklang.

Ganz langsam und ungestört wollten sie sich an die neue Umgebung anpassen und lernen, wie es sich anfühlte, in ihrem feinstofflichen Körper zentriert zu sein. Die Wahrnehmung und Steuerung über den Körper musste erst einmal geübt werden. Es war eine schöne, friedliche Zeit. Alles fügte sich in harmonischem Einklang.

Unter den Gottheiten, die sich auf dem Planeten eingefunden hatten, gab es Gattungen aus allen Teilen der Dimensionen. Einige freuten sich, als Berge, Pflanzen, Steine sowie als Wasser zu dienen. Die Geschwister Anima, die besten Freunde der Familie Manu, hatten darauf bestanden, sie begleiten zu dürfen. Sie waren extra dafür mit zu Gaia gekommen, um ihren großen Manu-Geschwistern in den zu erwartenden schwierigen Zeiten der Trübsal Mut zu machen und sie mit ihrer bedingungslosen Liebe zu trösten und zu segnen.

Sie spielten auf den satten Wiesen von Gaia und in ihren wunderbar klaren, reinen Gewässern. Der Löwe lag friedlich bei den Lämmern und ließ sich von ihnen liebkosen. Der Wolf führte nicht nur seine Welpen ins Leben, sondern kümmerte sich auch um die Hasenkinder. Alle lebten vom Atem der Quelle. Sie hatten nichts anderes zu tun, als sich aneinander zu freuen, zu spielen und den neuen Lebensraum zu erkunden.

Die Geschwister Anima wollten in ihrer Geisteshaltung nah an der Lebensquelle bleiben. Für sie war es nicht vorgesehen, in ihrer Schwingung so tief abzusteigen, wie es für die Manugeschwister geplant war. In den schweren Zeiten des Mangels wollten sie lediglich ihre Geschwister Manu trösten und erfreuen. Weder durften sie sich und die Quelle vergessen, noch durften sie so weit energetisch absteigen, wie die Geschwister Manu es für eine kurze Zeitspanne tun würden, um mit den Hadesgeschwistern in Resonanz gehen zu können.

Die Schwingung auf Gaia war zu dieser Zeit sehr hoch und feinstofflich. Für eine Inkarnation der Wesen aus dem Hades war sie noch viel zu lebendig. Mit ihren disharmonischen Energiefeldern wären sie in dem hohen Licht vergangen. Es war jedoch vorgesehen, im Laufe der Zeit durch die

Konstellationen der Planeten die Schwingung auf dem Planeten herabzusetzen, um den Wesen des Hades den Zugang zu Gaia zu ermöglichen.

In einem Teil des Zyklus, in dem das Universum sich vollständig um seine eigene Achse drehte, das waren auf Gaia 26.000 Jahre, sollte die Energie langsam abgesenkt werden. Es sollte einen Sommer, Herbst, Winter und Frühling in diesem Universum geben. Im Sommer, bei der Ankunft der Seelen auf Gaia, war die Energie hoch und frei schwingend. Im Herbst würde sie langsam abnehmen, und im Winter sollte die Energie, die von den Gestirnen des Universums auf Gaia strahlten, sich noch weiter abschwächen. Die Lebensbedingungen würden sich stark verschlechtern, ein gewisser Mangel sollte im Winter des Universums auf Gaia herrschen.

Bis es so weit war, hatten die dort befindlichen Gottheiten noch Zeit, die Energie ihrer feinstofflichen Körper abzusenken und sich den zukünftigen Schwingungsebenen anzupassen.

Der Mangel war die Energie, die im Hades der traurige Normalzustand war. Somit würden die Geschwister aus dem Hades, wenn die energetische Schwingung auf einen bestimmten Punkt abgesunken war, mit dem Begegnungsplaneten in Resonanz gehen und ihn durch Geburt in einem feststofflichen Körper betreten können.

Nach ihrer Ankunft wollten die Geschwister Manu ihnen liebevoll helfen, ihre verkümmerten Antennen wieder zu aktivieren, damit sie sich nach der langen Zeit wieder an den Lebensfluss der Quelle anschließen könnten. Auf diese Weise würde ihnen eine Rückkehr nach Hause gelingen.

Das Magnetfeld

Erschöpft kehrte Jo von seiner Inspektionsreise zum Korridor ins Reich des Lichts zurück. Er war ganz grau geworden, seine Energie flackerte und hatte große Löcher. Er war früher zurückgekehrt als geplant. Während seiner Inspektion war es auf dem Begegnungsplaneten zu einem dramatischen Zwischenfall gekommen.

Alle Freunde aus den Lebensreichen waren auf seine Bitte hin zur Quelle gekommen. Was er zu berichten hatte, musste extrem dringend sein.

„Jo, was ist dir auf deiner Reise Schlimmes widerfahren? Erzähl uns alles, der Reihe nach", baten ihn die Freunde äußerst besorgt. Erschöpft begann Jo zu berichten:

„Luca hat auf dem Planeten Gaia die Herrschaft übernommen und alle Wesen unterworfen."

Er wollte fortfahren, aber da unterbrach ihn Mutter Manu:

„Jo, was bedeutet das, Herrschaft, Unterwerfung, das kennen wir nicht. Wovon sprichst du?"

Jo verzog schmerzerfüllt das Gesicht, als er versuchte, Herrschaft, also den Missbrauch von Macht, zu erklären.

„Unser Prinzip im Reich des Lebens ist: Wir erhalten Schutz für unser Leben von der Quelle, von dort strömt Nahrung im Überfluss. Wir empfangen über unsere Antennen die Lebenskraft der Quelle, mit der wir allezeit innigst verbunden sind. Im Umfeld der Lebensquelle haben wir einen freien Willen. Sie schenkt uns freie Entfaltung unserer Potenziale.

Wir dürfen uns selbst ausdrücken, uns entwickeln und so sein, wie wir einst von der Quelle ins Leben gerufen wurden. Freie Entfaltung und Entwicklung, freie Selbstverwirklichung ist unser Geburtsrecht.

Solange wir im Umkreis der Quelle zum Wohle Aller schöpfen und die Einheit der Polarität bewahren, sind uns keine Grenzen auferlegt. Wir dürfen sein, was wir sind, solange wir damit keinem andern Wesen schaden.

Im Hades hingegen hat Luca alles umgekehrt. Dort gibt es keine Einheit, stattdessen herrscht er durch Spaltung, Trennung und Dualität. Anstelle des Schutzes hat er Unterwerfung eingeführt. Die Nahrung verströmt er nicht, denn er hat keine Nahrung zu geben, sondern benötigt im Gegenteil ja Nahrung für sich. Deshalb hat er sich zum Herrscher gemacht, so kann er sich gewaltsam Zugriff auf die gesamten Ressourcen von Gaia verschaffen.

Ziel ist die Ausbeutung der Lebenskraft, um seine alleinige Energieversorgung zu sichern. Herrschaft ist die Abwesenheit eines freien Willens bzw. freier Selbstentfaltung. Unterwerfung bedeutet, dass einer oder wenige den anderen freien Lebewesen das Geburtsrecht auf freie Entfaltung rauben und ihnen stattdessen ihren eigenen Willen aufzwingen, um ihre eigene Energieversorgung zu sichern. Herrschaft und Unterwerfung dienen nicht dem Wohle aller, sondern nur dem Wohle eines oder weniger Wesen, auf Kosten aller anderen, die nicht mehr frei sein dürfen.

Herrschaft bedeutet, dass alle gezwungen werden, wenigen oder einem einzigen gegen ihren Willen und zu ihrem eigenen Schaden zu dienen und ihn zu bereichern. Ich werde Euch genau berichten, wie Luca es geschafft hat, auch unsere Geschwister auf Gaia ihres Geburtsrechts auf freien Willen zu berauben und sie zu beherrschen.

Luca hat sich zum Schöpfer-Gott von Gaia ernannt. Er ist von Sinnen und weiß nicht mehr, dass er ohne Verbindung mit der Lebensquelle kein Schöpfer sein kann. Luca, einst ein herrliches Schöpferwesen, ist nun ein Zerstörer geworden, der alle Wesen ihres freien Willens auf Selbstentfaltung beraubt hat."

Die anderen Wesenheiten tauschten ihre Gefühle der hilflosen Ratlosigkeit miteinander aus. Sie hatten Mühe, sich vorzustellen, wovon Jo sprach. Jo warf einen liebevollen Blick in die Runde und setzte seinen Bericht fort.

„Ich hatte meine dritte Inspektionsreise zu dem Begegnungsplaneten unternommen, weil mir Bedenkliches zu Ohren gekommen war. Ein paar Geschwister von Gaia waren bei mir aufgetaucht und hatten mir berichtet, sie hätten flüchten müssen, um ihr Leben zu retten. Auch hatte ich festgestellt, dass die Energieversorgung für die Geschwister auf dem Planeten gestört war, sie floss nicht mehr wie gewohnt, sondern war fast zum Erliegen gekommen. Der Planet und die lieben Geschwister waren seit geraumer Zeit nicht mehr an den Lebensfluss angeschlossen, fast wie im Hades. Ich wollte mich selbst von der Lage überzeugen, prüfen, woran das liegen könnte, und mich mit den Verantwortlichen auf Gaia beraten.

Das Bild, dass sich mir bei meiner Ankunft bot, war schockierend. Etwas Schreckliches von ungeahntem Ausmaß musste sich ereignet haben. Die Energieversorgung durch Lebenskraft war so gut wie zum Erliegen gekommen. Die Belieferung mit Lebensenergie, die wir seit Anbeginn aus den höchsten Lichtdimensionen zur Verfügung gestellt hatten, war zwar noch intakt, aber aus irgend einem Grund wurde diese Energie von den Wesen nicht mehr in Anspruch genommen. Dementsprechend präsentierten sich mir die Geschwister. Sie sind alle grau geworden. Ihr Licht ist nur noch ein schwaches Glimmen.

In ihren Energiekörpern klaffen große dunkle Löcher. Ihre Energiefelder sind niedrig schwingend und disharmonisch verzerrt. Es war für mich erschreckend, anzusehen, wie diese wunderbaren, einst herrlichen Wesen, die Fähigsten unter uns, derart heruntergekommen sind. Ihr herrlicher Glanz ist fast erloschen, und ihre Energiefelder flackern in disharmonischem Rauschen. Sie selbst aber wissen nichts von ihrem Untergang. Ihr Geist ist derart verwirrt, dass sie mich nicht mehr erkannten und nichts mehr wissen von ihrer Herkunft und Ihrer Mission.

Freunde! Unsere besten Auserwählten kümmern dort unten im Korridor vor sich hin und haben vollständig vergessen, wer sie sind. Sie wissen nichts mehr von der Energieversorgung aus der Quelle, die völlig ungenutzt mitten unter ihnen fließt. Sie nehmen sie nicht mehr in Anspruch, denn unsere Geschwister wissen nicht mehr, dass es sie gibt und wie sie diese kostbare Energie in Anspruch nehmen können. Ihre Antennen sind zwar noch intakt, aber weil sie so lange Zeit nicht benutzt wurden, sind sie verkümmert und verstopft. Außerdem gelangt auch nur noch ein Bruchteil dieser Energie wirklich auf den Planeten, dazu komme ich gleich.

Ihre gewaltigen Kräfte als mächtige Schöpfergötter haben unsere Geschwister vollständig vergessen. Stattdessen kreieren sie unbewusst düstere Schöpfungen für den Hades, um Angst, Elend, Qual und damit die Dunkelnahrung Losch zu erzeugen. Sie wissen, nicht mehr, was sie tun."

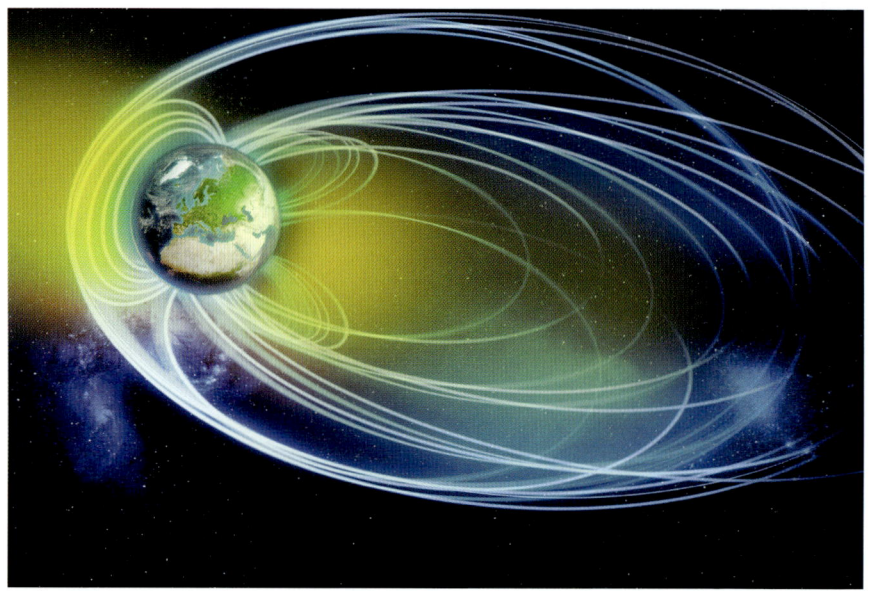

Ein Raunen ging durch die Reihen. Was für eine Katastrophe! Jeder hatte Familienangehörige auf dem Begegnungsplaneten. Ein derartiges Leid für ihre Liebsten war unerträglich.

Mutter Manu erhob ihre Stimme: „Jo, wie kann das sein? Was ist geschehen, dass meine Kinder so zur Unkenntlichkeit entstellt wurden? Sind sie in den Hades eingegangen? Es hört sich ja so an, als wären sie Wesen des Todesreiches geworden? Wie konnte das passieren? Hat Luca sie getäuscht, wie vormals seine eigenen Familienangehörigen?"

Jo war bleich, als er antwortete. „Nein, noch sind sie nicht im Hades, aber die grässlichen Bedingungen des Hades herrschen nun auf dem Planeten vor. Die Wesen, die aus dem Hades aufgestiegen sind, haben heimlich einen starken Magnetgürtel um den Planeten Gaia installiert, der die kosmische Energieversorgung aus dem Universum abwehrt. Somit wurde ein großer Teil der Lebensenergie, die unermüdlich besonders von Sonja und der Zentralsonne auf Gaia strahlt, abgelenkt.

Der Magnetgürtel lässt nur minimale Dosen der Lebenskraft auf Gaia gelangen. Dadurch traten Mangel und große Angst auf, vom Leben abgeschnitten und getrennt zu werden. Die Geschwister, die sich noch an den

Vorfall erinnern konnten, berichteten, dass eine große Panik unter ihnen ausgebrochen ist.

So entstand die erste große Angstwelle, die alle schwächte. Danach war es ihnen nicht mehr möglich, ihre Schwingung so weit zu entspannen und zu weiten, um ihre Antennen wieder zur Quelle auszurichten und sich an den Fluss der Lebenskraft anzuschließen. Wer noch in der Lage war zu fliehen, der entfernte sich von Gaia. Von den Geflüchteten habe ich unverzüglich Kenntnis über die Katastrophe erhalten. Aber die anderen, die es nicht mehr schafften, zu entkommen, wurden von Luca relativ schnell unter seine Gewaltherrschaft gebracht.

Wir alle sind zuversichtlich gewesen, dass Luca die Möglichkeit, aus dem Hades frei zu kommen, als Chance für seine Heimkehr nutzen würde. Die Geschwister Manu wollten ihm und seinen Gefährten helfen, ihre verkümmerten Antennen wieder zu beleben, um sich wieder an das auf dem Planeten vorhandene Kraftfeld der Quelle anzuschließen. So hätten sie allmählich wieder ihre Schwingung anheben und sich in die Heimat zurückbegeben können. Das grausame Rauben der Energie hätte somit ein Ende gehabt.

Niemand hat damit gerechnet, dass Luca stattdessen seinen Machteinfluss vergrößern wollte. Alle waren völlig unvorbereitet, als er plötzlich ein gewaltiges Magnetfeld aufgerichtet hatte, um die gesamte Versorgung mit Leben aus den Dimensionen und aus dem dortigen Universum von Gaia abzulenken und Gaia vom Lebensreich zu isolieren. Alle haben erwartet, er würde die Versorgung mit Lebenskraft willkommen heißen. Wer hätte geahnt, dass er Gaia in sein Todesuniversum ziehen würde, um auch noch Gaia unter seine Gewalt zu bringen und auszubeuten?

Die meisten der Geschwister haben durch die Wirkung des künstlichen Magnetfelds und den Energiemangel in kurzer Zeit ihr multidimensionales Bewusstsein und sogar ihre Erinnerung daran vollständig verloren. Sie sind wie gebannt und fixiert auf die dreidimensionalen Illusionen der Materie und haben ihre eigentliche Identität als Schöpfergottheiten vergessen. Sie haben sich auf Gaia verirrt und wissen gar nicht mehr, dass es noch etwas anderes gibt.

Seitdem sie ihre Erinnerung an ihre Herkunft und Mission vergessen haben, taumeln sie alle orientierungslos auf Gaia herum. Sie sind zu blinden und tauben Wahnsinnigen geworden, die über die verdichteten Schwingungen der Materie hinaus kaum noch etwas wahrnehmen können. So hat Luca sie gezwungen, sich ihm unterzuordnen und ihm zu Diensten zu sein. Stellt euch vor, er behauptet, der einzige Schöpfergott zu sein und alle Dimensionen unter seiner ‚Gewalt' zu haben. Er duldet niemanden neben sich, der sich als göttliches Wesen versteht."

Ein erstauntes Raunen ging durch die Mengen. Alle schüttelten fassungslos die Köpfe über Lucas Selbstanmaßung.

„Die Wenigen, die sich noch an ihre göttliche Identität erinnern konnten und sich weigerten, ihm zu dienen, wurden sofort ihrer physischen Körper und Lebenskraft beraubt. Die anderen Geschwister, die diese rituelle Opferung und Ausplünderung der Seelenenergie mitansehen mussten, ordneten sich Luca aus Furcht unter und erkannten ihn als den einzigen, alleinigen Gott an.

Nun sind viele Wesen aus dem Hades auf Gaia inkarniert und haben ihre zerstörerischen Gewohnheiten mitgebracht. Sie beuten die Lebenskraft unserer orientierungslosen Geschwister aus und ernähren sich davon. Die Todesangst, die damit verbunden ist, dient dem Hades als nunmehr unerschöpfliche Kraftquelle, denn die Geschwister auf Gaia werden ja von der Quelle immer noch genährt, wenn auch aufgrund der Magnetfelder in geringerem Ausmaß.

Aber aufgrund ihrer Angst schwingen die Energiefelder der Geschwister so niedrig, dass sie sich, selbst wenn sie sich an ihre eigene Göttlichkeit erinnern könnten, nicht mehr aus der Lebensquelle nähren können. Diese Kraft ist für sie zu feinstofflich und reicht nicht mehr aus, um ihre inzwischen sehr fest gewordenen Körper zu nähren.

Um nicht zu verhungern, brauchen sie nun eine andere Nahrungsquelle. Um an Nahrung heranzukommen, hat Luca ihnen die Energiegewinnung beigebracht, die im Hades praktiziert wird. Inzwischen haben alle unsere Geschwister sich auf die Energiegewinnung des Hades umgestellt. Sie rauben einander die Lebenskraft, indem sie sich ein anderes Wesen einverleiben und in ihrem Organismus verbrennen. Dieser Verstoffwechselungsvorgang hat die Sterblichkeit ihres dreidimensionalen Körpers verursacht. Die Disharmonien und Gifte, die in ihrem Kreislauf erzeugt werden, führen dazu, dass die physischen Körper altern und sich nach kurzer Zeit selbst zerstören.

Wenn die vergifteten Körper abgelegt werden, sind die austretenden Seelen jedoch so verwirrt und orientierungslos, dass sie nicht wissen, wer sie sind. Deshalb finden sie den Weg aus der Zwischenzone nicht nach Hause zurück. Sie bleiben innerhalb des künstlich eingerichteten Magnetfeldes stecken und können nicht mehr zu uns emporsteigen. Luca täuscht die verwirrten Seelen, in dem er vorgibt, ihnen einen Ausweg aus dem Zwischenreich zu zeigen, und auf diesem Weg gelangen sie ahnungslos erneut nach Gaia, um Luca weiterhin als Kraftquelle zu dienen. Beim Wiedereintritt nach Gaia löscht das Magnetfeld ihre Erinnerung an ihr vorheriges Dasein auf Gaia und auch die Erfahrungen in der Zwischenzone.

Der physische Tod sowie die Wiederverkörperung ohne Erinnerung an die frühere Existenz sind für Luca sehr hilfreich. Denn so kann er jegliche Erinnerungen an die Geschichte der Manus auslöschen und jeder neu inkarnierenden Generation die Vergangenheit so präsentieren, wie es für seine Zwecke am geeignetsten ist."

Fassungslosigkeit machte sich unter den Anwesenden breit. Hier tat sich ein Abgrund ungeahnten Ausmaßes auf. Alle waren wie gelähmt vor Entsetzen. Da ergriff Mutter Manu das Wort: „Welche Energie nutzen sie denn jetzt? Du willst doch nicht sagen, sie machen es genau wie im Hades? Sie fressen einander und werden gefressen?"

Jo war ganz blass, als er antwortete: „Ja. Schlimmer noch." Er schluckte und hielt einen Moment inne. „Luca hat sie gezwungen, nicht nur die Planzenwesen zu verwerten, um ihre Energieversorgung zu sichern, sondern sie müssen ihre Geschwister Anima für Luca unter grausamsten, schmerzvollsten Methoden opfern, ausbluten und qualvoll sterben lassen, damit Luca die Todesangst und Seelenkraft von Anima aufsaugen kann. Nach dem Opferritual, wenn Luca satt ist, müssen unser Geschwister die toten Leiber der Animas im Feuer rösten und ihre Körperteile und Organe in den Kreislauf ihrer eigenen Körper aufnehmen."

Alle Wesenheiten in allen Lebensräumen hielten den Atem an. Eine Ewigkeit lang war absolutes Schweigen, blankes Entsetzen. Keiner wagte auch nur zu atmen.

Nun richteten sich alle Blicke auf Mutter Anima. Sie hatte sich während der ganzen Zeit still im Hintergrund gehalten, so wie es für die Mitglieder ihre Familie seit jeher üblich gewesen war. Niemals stellten sie sich in den Vordergrund. Sie waren immer nur selbstlose Diener mit einer unendlichen Geduld und Liebe. In ihrem Wesen glichen sie stark der Lebensquelle, die auch immer nur fördernd das Leben verströmte, ohne Bedingungen zu stellen. Sie spiegelten in ihrer unendlichen Liebe und verspielten Lebensfreude unentwegt das Wesen der Urquelle. Sie wollten immer Freude bereiten und fragten nicht nach Gegenleistungen.

Jetzt fiel es allen auf, dass Mutter Anima seit geraumer Zeit sehr still geworden war, nicht mehr vergnügt gespielt und nicht mehr ihre übliche, gelassene Freude gezeigt hatte. Tief gebeugt und in sich gekehrt saß sie in ihrer Mitte. Sie wirkte leblos, und ihre Augen waren unendlich traurig. Nun begriffen die Geschwister ihren tiefen und qualvollen Schmerz, den sie schon längst mit ihren Kindern auf dem Begegnungplaneten geteilt hatte. Sie war ja stets verbunden mit ihnen und spürte immer, wie sie sich fühlten. Natürlich hatte sie um das ganze Drama schon seit der ersten Opferung gewusst und es in sich gespürt. Deshalb war alle Lebensfreude aus ihr gewichen. Dass es zu solch einem entsetzlichen Unglück kommen könnte, hätte niemand in den Lebensreichen jemals für möglich gehalten.

Und nun erklang, wie einst beim Abstieg Lucs in den Hades, zum zweiten Mal ein furchtbarer, ohrenbetäubender Schrei, und ein dimensionsübergreifendes Klagen war zu hören. Alle Lebensreiche in allen Dimensionen vibrierten in dem unbeschreiblichen Schmerz der Lichtwesen. Aus Gaia, dem lebendigen Planeten der Begegnung, war Mania geworden: Der Planet der Wahnsinnigen. Denn alle seine Bewohner waren dem absoluten Wahn verfallen.

Luca hatte die ihm gebotene Chance zur Rückkehr ins Lebensreich missachtet und stattdessen seinen Herrschaftsbereich im Korridor erweitert. Er hatte den Begegnungplaneten, der ihm den Rückweg ermöglichen sollte, mit Gewalt an sich gerissen und unterjocht. Die polaren Lebensschöpfungen der Urquelle basierten auf freiem Willen und Freiheit. Lucas Territorium hingegen war auf der Grundlage von Herrschaft und Spaltung erbaut, einem System, das in den Dimensionen des Lebens unbekannt war. Es bedeutete, dass einige wenige ihren Mitgeschöpfen deren Geburtsrecht auf einen freien

Willen und freie Selbstentfaltung raubten und ihnen stattdessen ihren eigenen Willen aufzwangen.

Und alle Wesen auf dem Planeten lernten nun den körperlichen Tod kennen. Machtlos mussten die Geschwister in den Dimensionen die Katastrophe mit ansehen und waren zutiefst erschüttert. Die Geschwister Anima und Manu waren nun für lange Zeit, zumindest jedoch während des galaktischen Winters auf Gaia, jetzt Mania, gestrandet und gefangen. Während dieser Zeit gab es von Seiten der höheren Dimensionen keine Möglichkeit, helfend in ihr Schicksal einzugreifen.

Erst im galaktischen Frühling, wenn die Einstrahlung der lebendigen Energien aus dem galaktischen Zentrum wieder zunehmen würden, gäbe es vielleicht eine Chance, den Geschwistern aus ihrer verzweifelten Lage zu helfen. In der Zwischenzeit waren sie der Unterdrückung und Ausbeutung durch Luca ausgeliefert.

Rettungsversuche der Nachgesandten

Aber die Familien zu Hause im Licht konnten nicht ruhen. Sie waren wie ein Organismus, in dem ein Teil verkümmerte, wie ein Körper, bei dem ein Arm abstarb. Sie würden niemals mehr froh sein können, solange ihre Geschwister solche Pein erleiden mussten.

Deshalb sandten sie sogar während des galaktischen Winters in jedem Jahrhundert einige mutige Wesen, um die Geschwister auf Mania davor zu bewahren, vollkommen in den Hades abzustürzen.

Alle Gesandten waren mutige, geistige Kämpfer, die sich trotz aller Gefahren und Entbehrungen auf den Weg machten, um das vollständige Vergessen aufzuhalten. Sie wurden in den Heimatdimensionen vorzüglich geschult und gründlichst auf die neue Situation auf Mania vorbereitet. Bereits bevor sie sich einen feststofflichen Körper erschufen, um auf Mania wirken zu können, wurden sie trainiert im Umgang mit allen Gefahren, die ihnen dort begegnen würden.

Diesmal waren die Familien in den Dimensionen gewarnt. Sie wussten nun, dass es Luca nicht daran gelegen war, nach Hause zu kommen, sondern seinen Herrschaftsbereich mit Gewalt auszubauen.

So implantierten sie bei jedem Gesandten einen Code der Erinnerung in den feinstofflichen Körper, der auch beim Durchgang durch das Magnetfeld von Mania vollkommen unversehrt blieb.

Die neuen Gesandten wurden als Kinder der Manus geboren, doch ihre Erinnerungen an das heimatliche Lichtreich blieben aufgrund der Codes in ihren Energiefeldern gut erhalten. Sobald sie für Ihren Einsatz bereit waren, wurde der Code von den höheren Dimensionen aus aktiviert.

In diesem Augenblick wurde die Antenne des jeweiligen Gesandten wieder vollständig aufgerichtet und empfangsbereit für die Lebensenergien aus der Quelle und die Botschaften der Wesen aus den multiplen Dimensionen.

Die neuen Gesandten waren furchtlos. Sie vermittelten die empfangenen Botschaften öffentlich auf den Straßen von Mania. Große Scharen von Manus folgten ihnen. Diese spürten tief in ihrem Inneren die Wahrheit ihrer Reden und waren ergriffen von dem Gefühl einer vagen Erinnerung an eine weit entfernte Heimat.

Die Manus hatten sich inzwischen schon viele Runden auf Mania inkarniert. Deshalb hatten sie bereits viel Leid erfahren, waren vollständig ausgebrannt, müde und hoffnungslos. Sobald ein frischer Gesandter aus der Heimat auftauchte, labten sie sich an seinen Lehren und seiner Ausstrahlung. Auch konnten die Gesandten die Materie mit ihrem Bewusstsein beeinflussen und vor den staunenden Augen der Manus neue Schöpfungen gestalten. Einst waren die Geschwister Manu selbst große Schöpfergötter in den Dimensionen und auf Gaia gewesen. Doch nun wussten sie nichts mehr von ihren göttlichen Fähigkeiten und erschufen stattdessen unbewusst Schöpfungen zu ihrem Untergang. Auch hatten sie durch die ständige Angstschwingung ihren Geist nicht mehr genügend unter Kontrolle, um bewusste Schöpfungen zu ihrem Wohle formen zu können. Die Gesandten brachten die schwachen, kranken Körper der Manus wieder in den gesunden Zustand und zeigten ihnen, wie Materie bewusst und mit Absicht geformt werden konnte.

Die Manus aber hielten sich für unwürdig und glaubten an die Ohnmacht, die Luca ihnen eingeredet hatte. Sie waren fest von ihrer Unfähigkeit, bewusste Schöpfungen zu kreieren, überzeugt. Anstatt dem Beispiel der Gesandten zu folgen und ihre Schöpferkraft wieder zu aktivieren, beteten sie die Gesandten als höhere Wesen an und flehten um ihren Beistand.

Jo, der Erstgeborene aus der Quelle und Initiator der Rettungsaktionen, war jedes Mal auch selbst vor Ort auf Mania, um das schlimmste Unheil zu verhüten.

Er stieg sogar in das Zwischenreich hinab, um dort im Magnetfeld eine Durchgangsschleuse zu installieren, damit jede Seele nach dem Verlassen ihres vergifteten Körpers die Möglichkeit hatte, trotz des Magnetfeldes ihren Heimweg zu finden. Es war ein schweres, gefährliches Unternehmen. Denn Jo musste durch den physischen Tod in das Zwischenreich eintreten und es ganz durchschreiten, um zum Magnetfeld zu gelangen. Dort installierte er

ein Dimensionstor für den Aufstieg der dort befindlichen Wesen. Luca versuchte, ihn daran zu hindern, aber Jo ließ sich weder von seinem Plan abbringen, noch überwältigen. Trotz aller Gefahren vollendete er sein Vorhaben mit dem gewünschten Erfolg. Er konnte nach gelungener Mission versichern: Ich habe eine Tür geöffnet, die niemand mehr schließen kann. Er hatte erreicht, dass Luca einen Ausweg aus Mania und aus dem Zwischenreich dulden musste. Jedes Wesen, das sich aus Lucas Einflussbereich entfernen wollte, musste ab sofort freigelassen werden. Diese Bestimmung galt sowohl für die Zeitspanne der Verkörperung als auch für die Phase nach Verlassen des Körpers im Zwischenreich. Das war ein großer Erfolg, den Jo für seine Geschwister errungen hatte.

Die Manus jedoch mussten jedes Mal wieder lange schmerzlich warten, bis wieder ein anderer Gesandter aus den Dimensionen zu ihnen kam, um ihrem Vergessen entgegenzuwirken. Die Manus erkannten die Wichtigkeit der Botschaften und schrieben alles auf, was die Gesandten lehrten. Sie versteckten diese Kostbarkeiten, denn auch ihre Kinder sollten davon noch profitieren können.

Doch Luca beschlagnahmte jede ihre Aufzeichnungen, die er und seine Helfer auffanden. Der heimliche Besitz solcher Schriften war strengstens verboten. Er entwertete sie, indem er die Botschaften zu seinem Vorteil umformulierte. Er nahm wichtige Teile der Lehre weg, und den Rest drehte er so um, wie es für seine Zwecke dienlich war. Damit konnte er seine Macht bei den nächsten Generationen, denen die ursprünglichen Aufzeichnungen nicht mehr bekannt waren, noch weiter festigen. Er entwickelte so verschiedene Lehren, die sich gegenseitig bekämpften, und führte die Manus damit noch tiefer in die Irre. Schließlich hetzte er sie gegeneinander auf, indem er ihnen gebot, einander wegen der Unterschiede in den von ihm verfälschten Botschaften zu töten.

So nutzte Luca das Bedürfnis der Manus, sich wieder an ihre wahre Herkunft und an die Quelle zu erinnern, indem er die Belehrungen der Gesandten für seine eigenen Zwecke verdrehte und missbrauchte. Damit konnte er noch mehr Verwirrung und Angst erzeugen. So konnte er zunächst meist verhindern, dass die Manus im Zwischenreich das Dimensionstor fanden, das Jo für sie hinterlassen hatte.

Neuzeit-Techniken und Manipulation

Inzwischen existierten auf Mania viele verschiedene Wesenheiten. Die Wesen, die einst mit Luca in das Hadesreich abgestiegen waren, hatten sich mittlerweile in großen Zahlen auf Mania inkarniert, um dort ihren Einflussbereich zu erweitern und sich zu bereichern.

Durch die während der vielen Äonen im Hades erlittenen Qualen hatten sie sich noch weiter zu ihrem Nachteil verändert. Sie waren zu Psychopathen ohne Mitgefühl geworden und hatten auch kein Gewissen mehr. Aufgrund der völligen Abwesenheit von Empathie konnten sie andere Wesen gewissenlos für ihre Zwecke manipulieren, beherrschen und ihrer Lebenskraft berauben. Sie machten sich weder Gedanken über ihre Taten, noch hatten sie das geringste Mitgefühl für die leidenden Kreaturen.

Alle schmarotzten von der Lebensenergie des Planeten, der Manus und der Geschwister Anima. Luca hatte den Psychopathen, die ursprünglich mit ihm in den Hades gestürzt waren, angeboten, sich Gaia untertan zu machen und sie auszubeuten. In ihrer Gier nach Energie und Lebenskraft hatten sie im Laufe der Jahrtausende alle Lebensräume des Planeten ausgeplündert. Die Manus hatten in ihrer Naivität und Verblendung kräftig mitgewirkt, um das Zerstören und Plündern des Lebens auf Mania voranzubringen. Alle Böden und Meere waren überfüllt mit Giften und Abfällen. Die Animas waren ihrer natürlichen Lebensräume weitgehend beraubt. Der Wahnsinn war auch auf sie übergegangen. Auch sie hatten angefangen, sich gegenseitig zu jagen und zu fressen.

Aber so tief wie ihre Geschwister Manu konnten sie in ihrer Seele nicht fallen. An der Zerstörung von Gaia waren sie nicht beteiligt.

Luca hatte inzwischen die rituelle Aufzucht und Schlachtung der Anima perfektioniert. Die Manus hatten von ihm inspiriert große Fabriken errichtet, in denen die Anima zu Tausenden auf engstem Raum dahinvegetierten. Sie hatten kein Tageslicht, lebten in ihren Exkrementen und waren an einer Stelle angebunden oder eingesperrt. Die meisten konnten sich niemals auf eine Wiese legen und mit den Pflanzenwesen Gemeinschaft haben. Ihre einzige Aufgabe bestand darin, den Manus und den Wesen des Hades als Nahrungsquelle zu dienen. Wenn ihre Zeit gekommen war, wurden sie zu riesigen Schlachthöfen gebracht und dort unter qualvollen Bedingungen zu Tode gemartert. War es früher die rituelle Opferung, die Luca erfreute, so hatte er jetzt mit den Schlachthöfen auf dem ganzen Planeten seine Versorgung mit der auf Qual und Angst beruhenden Losch-Energie perfektioniert. Die Qual der Animas sicherte somit einen großen Teil der Nahrung für Luca und seine Psychopathen.

Inzwischen hatte Luca alle Manus nummeriert und zu seinem persönlichen Eigentum erklärt. Sie waren durch die lange Zeit der emotionalen Ausbeutung zu fast leblosen Maschinen geworden. Die meisten hatten zwar immer noch einen Funken Gewissen und Mitgefühl, aber sie wurden den Psychopathen aus dem Hades immer ähnlicher. Alle funktionierten in Lucas Takt, so wie er es brauchte, um immer im Überfluss gesättigt zu sein. Angst und Schrecken herrschten auf dem gesamten Planeten.

Die Manus hatten sich daran gewöhnt, Luca und seinen Stellvertretern zu dienen und seinen Anweisungen zu folgen. Es war für sie normal geworden, nicht zu leben, sondern stattdessen zu funktionieren. Die Manus selbst erzogen ihre Kinder zu ergebenen Dienern. Schon im frühen Kindesalter wurden sie mit Nummern versehen und zu Lucas Befriedigung versklavt.

Luca hatte die Manus davon überzeugt, sein künstliches, ausbeuterisches Machtkonstrukt sei die einzige Möglichkeit, um das Überleben zu sichern. Sie glaubten an sein Schreckenssystem und wussten nichts mehr über die lebendigen Prinzipien der Quelle. Sie hatten das Leben vergessen und kämpften nur noch ums Überleben. Ohne seinen ständigen Zwang hätten sie Lucas künstliche Struktur jedoch nicht aufrecht erhalten können. Deshalb fürchteten sie, ohne seine Herrschaft würde ein schreckliches Chaos ausbrechen, und hielten einander dazu an, die irren Ordnungen strikt einzuhalten.

Sie waren davon überzeugt, nur er und seine Psychopathen könnten für Ordnung und Überleben sorgen.

Abgesandte des Hades hielten auf Mania alle Machtpositionen besetzt, um das gehorsame Dahinvegetieren der Manus immer genauer zu organisieren und zu beaufsichtigten. Sie sorgten dafür, dass jeder Manu seinen Dienst für Luca erfüllte.

Luca hatte einen genialen Trick eingeführt, um die Manus freiwillig zum Dienst zu animieren: Statt der kostenlosen Lebensenergie aus der Quelle erhielten sie von ihm für ihren Dienst Papier mit Zahlen. Diese Papiere konnten sie dann gegen Nahrung und andere Gegenstände ihres Bedarfs tauschen. Luca hielt diese Zahlenpapiere knapp, damit immer Mangel bestand und sie deshalb sehr attraktiv erschienen. Die Manus schufteten den ganzen Tag, um ein paar Papiere zu bekommen oder ein paar Zahlen auf einem Konto. Die Zahlen konnten sie dann gegen überlebenswichtige Dinge eintauschen. So bestimmten die Zahlen das Leben der Manus. Alles Denken drehte sich nur darum, ein paar davon zu erhalten. Denn Luca forderte von ihnen zuerst ihren Dienst im Tausch für die Zahlen. Danach forderte er die Zahlen wieder zurück, im Tausch gegen ihren Lebensunterhalt.

Alle seine Herrschaftsbereiche hatte Luca in die Kontrolle seiner psychopathischen Repräsentanten gegeben: Das Papierzahlenwesen, die Unrechtssprechung, die Einweisung der Manukinder und die ständige Beeinflussung der Geisteshaltung der Manus. Die Psychopathen führten Lucas Befehle gnadenlos aus, für sie war nur die Erhaltung ihrer Macht von Bedeutung.

Die Manus durften alle paar Jahre abstimmen, wer von den gewissenlosen Psychopathen zu ihnen sprechen und sie organisieren durfte. Dass Luca im Hintergrund der wahre Herrscher war, wussten sie nicht. In früheren Zeiten hatte er ganz offen als Gott regiert, jetzt aber hatte er die Strategie geändert. Nun behauptete er, es gäbe weder ihn noch irgendwelche anderen Götter, sondern nur das Papier mit den Zahlen. Nachdem die Manus inzwischen von seinem Herrschaftssystem überzeugt waren, wurde ihnen die Illusion von Freiheit und Selbstbestimmung vermittelt.

Sie wurden angehalten zu glauben, sie könnten selbst über den Lauf der Dinge entscheiden, und die Psychopathen seien dazu da, ihre Rechte zu vertreten. Auf diese Weise dienten die Manus Luca viel williger und effektiver.

Die Psychopathen kleideten Lucas Anweisungen in schöne Worte und erklärten, wie wichtig die Entscheidungen und neuen Anordnungen für die Manus wären. Wenn die Manus zu unzufrieden waren und zu rebellieren drohten, tauschte Luca seine Repräsentanten schnellstens aus. So lebten die Manus in der Illusion, dass ihre Proteste gegen die Psychopathen Erfolg gehabt hätten. Im Hintergrund stand jedoch immer nur Luca, der die Marionetten tanzen ließ und die gutgläubige Naivität der Manus verachtete und verspottete.

Luca hatte es geschafft, in jedem Wohnzimmer der Manus seine Geisteshaltung und die Schwingung von Angst und Mangel zu propagieren. Allabendlich saßen die Manus nach ihrem langen, schweren Dienst vor einem Sender und ließen sich von schönen Bildern und Geschichten einlullen. Zwischendurch betrachteten sie die Repräsentanten des Hades und lauschten völlig erschöpft deren hypnotischen Befehlen. Oft schliefen sie vor Ermüdung ein, wodurch eine noch bessere Hypnose erreicht wurde.

Die Manus waren alle durch die Schwingungen und Bilder dieses Sendegerätes geprägt. Es gab kaum einen Manu, der solch ein Sprachrohr für Lucas Propaganda nicht besaß. Denn es galt als Grundrecht, ein solches Sendegerät zu besitzen. In den Dimensionen des Lebens und auch noch in der frühen Zeit auf Gaia hatte die Manus ihr Geburtsrecht auf freien Willen und freie Entfaltung gelebt. Nun aber hatten sie dies gegen das Recht getauscht, einen Propaganda-Sender zu besitzen.

Alles, was von diesem Gerät aus verkündet wurde, glaubten die Manus inbrünstig. Wenn es dort gelehrt wurde, dann musste es wahr sein, davon waren sie vollkommen überzeugt. Sie lernten, wie sie es seit ihrer Kindheit gelernt hatten, alles auswendig, und am nächsten Tag erzählten sie es sich gegenseitig.

Dabei wetteiferten sie, wer noch mehr gehört und von den wirren Reden im Kopf behalten hatte. Und sie stritten sich, wer von den Psychopathen des Hades der bessere Vertreter ihrer Rechte sei.

Inzwischen hatte Luca den Manus auch viele Möglichkeiten gegeben, ihre mittlerweile verkümmerten Fähigkeiten mithilfe von technischen Geräten in stark abgeschwächter und verzerrter Form wieder auszuüben. Die Fähigkeiten zur telepathischen Kommunikation und zum Empfang der interdimensionalen Informationen, die immer noch allen Manus angeboren waren, wurden nun durch ein technisches Gerät ersetzt. Luca übernahm das feinstoffliche Prinzip der Lebensdimensionen und übertrug es auf eine kleine, handliche Maschine. Jeder Manu tauschte freudig Zahlen gegen dieses Gerät und alle waren glücklich, dass sie auch über weite Entfernungen auf Mania fast in Echtzeit kommunizieren und sich sogar sehen konnten. Dadurch verlernten sie ihre letzten telepathischen Fähigkeiten und das Hören auf ihre intuitiven interdimensionalen Eingebungen noch mehr.

Der elektromagnetische Informationsfluss der Wesenheiten aus den feinstofflichen Dimensionen wurde von Luca ebenfalls kopiert und auf sein technisches Kommunikationsgerät übertragen. Dieses Gerät war natürlich nicht zum Empfang von Informationen der interdimensionalen Lichtwesenheiten gedacht, sondern zur Übermittlung von Daten aus dem kollektiven Bewusstsein der Manus und des Hades.

Durch den Empfänger, den die meisten Manus ständig am Körper trugen, konnten sie jederzeit alle Geschichten, die Luca verbreiten wollte, abrufen. So hatte Luca immer Zugriff auf ihren Geist. Alle ihre Gedanken und Gespräche waren für ihn verfügbar, und er konnte ständig in ihr Bewusstsein hineinsprechen. Außerdem konnte er sie jederzeit an jedem Ort des Planeten ausfindig machen.

Auch das Prinzip der Teleportation, das für die Wesen der Lebensdimensionen üblich ist, wurde den Manus in abgewandelter Form zugänglich gemacht. Sie setzten sich in einen Raum, dieser erhob sich vom Boden und flog langsam zu dem gewünschten Ort.

Dort angekommen, konnten die Manus auf anderen Kontinenten von Mania aussteigen. Natürlich war das im Vergleich zu der Teleportation, die in Lichtgeschwindigkeit stattfindet, äußerst umständlich und langwierig, aber es war eine Möglichkeit, auf dem ganzen Planeten hin und her zu reisen. Die Manus freuten sich über die neuen Errungenschaften und dienten meist ein ganzes Jahr lang dafür, um ein-, zwei- oder dreimal im Jahr mit diesem Gerät fliegen zu dürfen. Verglichen mit den angeborenen Fähigkeiten der Manus war es aber äußerst armselig.

Denn eigentlich hätten sie immer noch mit ihren feinstofflichen Körpern an mehren Orten gleichzeitig anwesend sein und ihr Bewusstsein bis in die höchsten Dimensionen der Schöpfung aussenden können. Doch für Luca war es am praktischsten, wenn die Manus glaubten, freiwillig und freudig für die Zahlen zu dienen. Deshalb gab er ihnen immer wieder neue Anreize, mit denen er sie beschäftigen und ablenken konnte.

Luca glaubte, er hätte alles vollkommen unter seiner Kontrolle, aber da sollte er sich gründlich getäuscht haben.

Der Galaktische Frühling

Endlich, nach Äonen der Finsternis, neigte sich das Universum, und das gesamte Sonnensystem hatte seinen vollständigen Lauf um das galaktische Zentrum vollendet. Für die gefangenen Bewohner von Mania ging eine endlos erscheinende Zeit zu Ende.

Die Konstellation der Planeten zueinander ließ wieder eine Erhöhung der Pulsierung aus dem galaktischen Zentrum zu. Der Weg der lichten, kraftspendenden Strahlen nach Mania wurde nun wieder kürzer. Das Licht nahm beständig an Kraft zu, und auch die Einstrahlung der Lebenskraft konnte wieder besser fließen. Alle Dimensionen atmeten auf. Die schlimmste Phase war überstanden. Alle Planetenwesen im Universum brachten sich in Position. Sie reihten sich hintereinander auf wie an einer Kette, so dass es möglich wurde, Mania mit immer mehr und größerer Lebenskraft aus dem galaktischen Zentrum zu bestrahlen. Jede Sonne, jeder Planet oder Mond im Korridor des Universums gesellte sich dazu, um seine Kraft hinzuzufügen und die gemeinsamen Strahlen zu verstärken. Jetzt konnten auf Mania auch die feinstofflichen Dimensionswesen wieder besser Hilfe leisten. Der galaktische Frühling sollte genutzt werden, um Mania, die ja eigentlich Gaia war, nun endlich aus ihrer verzweifelten Lage zu befreien.

Jo hatte wieder alle Götter aus den Dimensionen bei der Quelle versammelt. Er plante, selbst eine neue Reise nach Mania zu unternehmen, und suchte Freiwillige, die ihn diesmal begleiten würden. Er hatte mit seinen engsten Freunden bereits detaillierte Pläne geschmiedet und tiefgreifende Vorbereitungen eingeleitet. Nun ging es an die praktische Umsetzung. Als er sich erhob, waren alle Blicke gespannt auf ihn gerichtet.

„Freunde: Wir haben uns hier alle versammelt, weil im Korridor endlich der galaktische Frühling angebrochen ist. Alle Planetenwesen tun nun ihr Möglichstes, um auf Mania die Lebensenergie anzuheben. Mutter Gaia wird bald versuchen, einen Weg zu finden, wie sie das Magnetfeld, das Luca installiert hat, abschwächen kann. Dann wird immer mehr Lebenskraft von der Quelle über die Planeten auf sie übertragen werden.

Wie ihr wisst, sind unsere Geschwister auf Mania dem Wahnsinn verfallen. In diesem Zustand können sie den beabsichtigen Dienst an Luca und den im Hades verlorenen Geschwistern nicht ausführen. Daher müssen wir hinunter gehen, in großen Gruppen. Es ist nicht möglich, von hier aus zu operieren. Wir müssen direkt auf dem Planeten anwesend sein, um einen Energiewandel zu vollziehen. Wir werden mit unseren Antennen auf Mania die einstrahlenden Energien des Universums empfangen und in das dortige kollektive Bewusstsein einspeisen. Unsere persönliche Anwesenheit und Energietransformation wird benötigt, um die Störaktionen Lucas auszugleichen. Ohne unsere Anwesenheit bekommen wir die benötigte Kraft des galaktischen Frühlings nicht auf den Planeten. Lucas Magnetfeld ist stark genug, um einen großen Teil der planetaren Strahlen abzuschirmen.

Wir können nun endlich unser den Geschwistern einst gegebenes Versprechen einlösen, dass wir sie immer begleiten und niemals verlassen würden. Freunde, wir werden jeden brauchen, der mutig genug ist, mit hinunter zu gehen, um auf Mania als Empfangsantenne für die lebendige Energie der Quelle zu fungieren. Wir werden, wie die früheren Gesandten aus den letzten Jahrhunderten, alle in unsere Energiefelder den Code der Erinnerung einpflanzen. Dieser Code ist unzerstörbar. Es wird ein Sender sein, durch den wir immer miteinander verbunden sind. Er wird beim Durchschreiten des um Mania errichteten Magnetfeldes unversehrt bleiben. Ein ständiger Informationsfluss untereinander ist dadurch gewährleistet. Niemand wird allein gelassen. Jeder bekommt die Unterstützung, Information und Führung, die er benötigt, um seinen Auftrag zu erledigen.

Nach unserer Ankunft auf Mania werden wir uns fremd fühlen und wissen, dass dies nicht unsere Heimat ist. Es wird uns immer bewusst bleiben, dass die Verhältnisse auf dem Planeten nicht natürlich sind und entgegen den Gesetzen des Lebens gestaltet wurden. Dieses Unbehagen ist nötig, damit wir uns nicht dauerhaft in den Ablenkungen Lukas verlieren und in unseren Dienst gerufen werden können. Wir werden überall auf dem Planeten positioniert sein. Wenn unsere Zeit gekommen ist, wird jeder in sei-

ner Umgebung nach und nach seine geplante Position als Empfänger der Lebensenergie auf Mania einnehmen. Jeder wird früher oder später seinen Erinnerungscode und seine Antenne aktivieren und dadurch mit allen feinstofflichen Dimensionen verbunden sein.

Die in den feinstofflichen Dimensionen verbleibenden Geschwister werden ständig mit uns Kontakt sein und uns untereinander vernetzen. Durch die Verbindung unserer aktiven Antennen wird eine überdimensionale Brücke hervorgerufen. Die einstrahlenden Energien des Universums werden durch uns verstärkt auf den Planeten geleitet werden können. In der Vereinigung unseres Bewusstseins und der Bündelung aller vorhandenen Kräfte werden wir uns zu einem überdimensionalen Energiestrahl vereinen. Dieser wird die Lebenskraft von der Zentralsonne auf Mania leiten, die nötig ist, um unsere Geschwister aus dem Taumel des Vergessens zu wecken.

Wir kämpfen nicht mit Lucas Mitteln. Das ist nicht unsere Art. Aber wir werden seine Maßnahmen zur Abschwächung der weckenden Wirkung des galaktischen Frühlings vollständig ausgleichen. Um einen Umbruch durchzuführen, müssen wir mindestens 10 % der auf Mania befindlichen Bevölkerung stellen. Nur so ist sicher gewährleistet, dass wir uns flächendeckend auf dem Planeten positionieren können und genügend Licht und Leben einspeisen. Unsere gemeinsame Aufgabe ist es, während des galaktischen Frühlings geballte Ladungen Lebenskraft in den Planeten zu leiten und dort zu verankern. Mutter Gaia wird daraufhin von innen her das Magnetfeld abschwächen können. Es ist also nicht so entscheidend, was wir äußerlich tun, sondern ob wir mit der Energie der Quelle in Kontakt sind und sie durch uns wieder auf Mania verbreitet werden kann."

Viele freiwillige Helfer ließen sich vorbereiten. Sie wurden mit allen nötigen Sicherheitsvorkehrungen vertraut gemacht. Als sie bereit waren, wurden sie nach Mania entsendet. Sie durchquerten den Korridor des Todes, passierten das Magnetfeld und wurden mit einem fleischlichen Körper bekleidet, um auf Mania wirken zu können. Alle ihre Codes blieben wie versprochen unversehrt. Ihre Antennen waren intakt.

Die neuen Gesandten mussten sich erst langsam in ihren feststofflichen Körpern und den damit verbundenen Einschränkungen und Begrenzungen zurechtfinden. Doch bald nach ihrer Ankunft auf Mania hatten sie bereits Visionen, Träume und Bilder von der Heimat. Sie sahen ihre feinstofflichen Helfer und hörten ihre Stimmen. Von Kindheit an wurden sie von ihren feinstofflichen Begleitern über das Leben unterrichtet. Und so wuchsen sie heran unter der Herrschaft Lucas und spürten intuitiv, dass Mania nicht ihre Heimat war.

Sie waren mit großer Intelligenz ausgestattet. Durch ihre Inkarnation und ihr Aufwachsen auf dem Planeten kannten sie die Ordnungen, Lehrmeinungen und Gepflogenheiten von Mania genau. Als Kinder und Jugendliche waren sie gemeinsam mit den Manukindern geschult und gedrillt worden und hatten vieles davon auch in ihr Denken übernommen. Dennoch spürten sie im Herzen immer, dass etwas Grundlegendes an den Lehren auf Mania nicht stimmte. Sie verteilten sich auf alle Berufe und Tätigkeiten, die auf Mania üblich waren, und vertraten alle sozialen Schichten. Jeder von ihnen war auf bestimmte Aspekte der Energie aus der Quelle besonders spezialisiert. Gemeinsam repräsentierten sie alle Schwingungsaspekte der Quelle und eine große Wissenskompetenz.

Luca hingegen wusste trotz seiner Überwachung nichts von ihren Plänen und war auch nicht ausgestattet, um ihre Codes zu knacken oder sie aufzuhalten. Als die vereinbarte Zeit gekommen war, aktivierten sie alle

während einer vergleichsweise kurzen Zeitspanne ihre Codes und Antennen. Sie waren während der vergangenen Jahre auf dem Planeten stets wie ein lebendiger Organismus im Geiste telepathisch verbunden gewesen, wenn auch oft unbewusst und verdrängt von den Mühen des Mania-Alltags, und erkannten sich nach der Aktivierung voller Freude wieder.

Indem die neuen Gesandten neben ihren telepathischen Fähigkeiten auch die Technologien Lucas nutzten, konnten sie sich mühelos über den ganzen Planeten hinweg auszutauschen, stärken und ermutigen. Auch bildeten sie Wohnkreise und sogar kleine Dörfer, in denen sie in Gemeinschaft miteinander lebten und füreinander sorgten. Jeder brachte seine Erfahrungen und Fähigkeiten ein und half mit, dass diese kleinen Gruppen sich entfalten konnten. Damit machten sie sich teilweise unabhängig von Lucas Nahrungsversorgung und errangen Unabhängigkeit von Lucas Zwängen.

Auch die Wesen aus dem Hades, die inzwischen auf Mania inkarniert waren, wurden von den neuen Wellen des galaktischen Frühlings und den Energien der Lebensquelle herausgefordert. Einige von ihnen gingen mit den neuen Schwingungen sogar in Resonanz. Das bereitete zunächst enorme Schwierigkeiten und löste bei ihnen schwere Krisen aus. Sie fühlten tiefgreifende Veränderungen in ihrem Inneren, die sie veranlassten, ihre bisherigen Wege und Handlungsweisen zu hinterfragen. Dadurch gerieten sie in große Identitätskrisen, und ihr Weltbild wurde grundlegend erschüttert. Ihr tot geglaubtes Gewissen regte sich langsam wieder. Es wurde ihnen zunehmend unmöglich, an ihren gewohnten zerstörerischen, lebensverachtenden Verhaltensweisen festzuhalten. Obwohl sie versuchten, ihren bisherigen Lebensstil weiterzuführen, konnten sie sich der Verwandlung nicht mehr erwehren. Die Erinnerung an das frühere Leben bei der Urquelle stieg unaufhaltsam in ihnen auf.

Sie erinnerten sich vage an die lebendige Nahrung, die unbegrenzt aus der Quelle floß, um alle Wesen zu nähren und zu beleben. Eine Nahrung, die niemanden beraubte, sondern für alle frei war und stets zur Verfügung stand.

Die Wesen aus dem Hades begannen sich nach dem Licht und dem Wasser des Lebens zu sehnen. Wie verkümmerte und fast verdorrte Pflanzen nahmen sie schluckweise den Lebensatem auf und begannen wieder aufzuleben. Ihr bisheriges Dasein geriet dadurch vollkommen aus der Bahn. Sie konnten mit dem neu erinnerten Bewusstsein ihren gewohnten Weg nicht mehr fortsetzen. Ihre Existenz auf Mania war nun massiv bedroht. Sie mussten den Schein des alten Seins aufrechterhalten, aber sie konnten nicht mehr weiter Lebenskraft schmarotzen. Einige von Ihnen bereiteten ihrem verzweifelten Dasein auf Mania ein Ende, indem sie ihren feststofflichen Körper zerstörten.

Andere jedoch entschieden sich, die Gewohnheiten aus dem Hades abzulegen und sich den neuen Bedingungen auf dem Planeten zu stellen. Sie änderten ihre Betrachtungsweise und ihr Verhalten von Grund auf. Zu Beginn standen sie völlig hilflos und orientierungslos da. Aber dann entdeckten sie die Vernetzungen, die die Gesandten aus den Lebensdimensionen bereits untereinander eingerichtet hatten, und schlossen sich ihnen zögernd an.

Die Botschaften und Erkenntnisse, die sie alsbald in die Vernetzung einbrachten, waren ganz anders, als die der Wesen aus den Lebensreichen. Sie hatten unendliche Äonen lang das Todesreich durchquert und waren aus dem Hades aufgestiegen. Unsägliches Leid hatten sie dort erfahren und sich gegenseitig zugefügt. Ihre Wendung war radikal und schmerzhaft. Doch ihre Existenzkraft, die aufgrund ihres bisherigen Schmarotzens von der Lebenskraft anderer Wesen zunächst noch sehr dunkel und zerstörerisch schimmerte, wandelte sich grundlegend. Als sie ihre Antennen wieder aktivierten und sich nach den Äonen der Trennung wieder an den Fluss des Lebens anschlossen, verwandelte sich ihre zerstörerische Dunkelheit in kristallschimmerndes Licht. Es war atemberaubend für alle Wesen der Lebensreiche, ihre neue Schönheit anzusehen. Ein großer Ruck ging durch die Dimensionen, und ein überwältigendes Staunen erfüllte alle Lebensreiche. Aus dem Leid des Todesreiches war ein völlig neues, bisher nicht vorhandenes Lebenslicht entstanden.

Das Wiedererwachen der Manus

D ie Manus jedoch waren immer noch fest in Lucas Netz der Beeinflussung verstrickt. Sie ahnten nichts von dem Wandel, der auf dem Planeten vor sich ging, und sie spürten kaum, mit wie viel Lebensenergie sie inzwischen überflutet wurden. Gefesselt an den illusionären Überlebenskampf, den Luca ihnen aufgezwungen hatte, stellten sie weiterhin ihre Lebenskraft als Futter dem Hades zur Verfügung.

Luca unternahm alles, was in seiner Macht stand, um die Manus zu täuschen und beschäftigt zu halten. Auf keinen Fall durften sie von dem galaktischen Frühling, dem Netzwerk der Lebensgesandten und der laufenden Rettungsaktion erfahren. Sie mussten nun noch viel härter um ihre Existenz kämpfen und noch größere Ängste leiden. Damit sie nicht zum eigenständigen Nachdenken kamen, wurde ihr Geist beständig mit den Lügen Lucas gefüttert.

Auch die Geschwister Anima erlebten den Gipfel ihrer Qual. Noch niemals waren das Leid so unaussprechlich und die Schmerzen so groß gewesen. Ihre Herzen seufzten laut, und alle Dimensionen des Lebens erschauderten.

Luca verstärkte bewusst das Leid, um die Einstrahlung der Lebensenergie aus dem Universum auszugleichen und noch genügend Losch-Energie aus Angst und Schmerz ernten zu können.

Die Energieanhebung konnte aber trotz seiner Gegenmaßnahmen nicht mehr verhindert werden. Die erwachten Wesen, die sich ihrer Schöpferkraft bewusst waren, verankerten täglich die vom Universum eingestrahlten Lebensenergien auf dem Planeten. Neben den Gesandten der Lebensdimensionen beteiligten sich auch die ehemaligen Wesen aus dem Hades, die ihren Sinn geändert hatten, an diesem Werk. Gemeinsam bewirkten sie mit ihrer Schöpferkraft eine enorme Energieanhebung überall auf Mania, und die kollektive Besinnung der Manus auf ihre eigentliche Kraft und Herkunft war nicht mehr aufzuhalten. Von diesem Zeitpunkt an hatte Luca seinen hoffnungslosen Kampf im Grunde bereits verloren. Er wollte es jedoch noch nicht wahrhaben.

In den Manus erwachte wieder eine Sehnsucht nach Freiheit. Blitzartig stiegen alte Erinnerungen auf, und der Hunger nach der Lebenskraft der Quelle, die allen immer frei zur Verfügung stand, erwachte zusehends. Die Repräsentanten des Hades hatten inzwischen immer größere Mühe, die Manus im Vergessen zu halten und zu unterdrücken.

Doch die Manus trauten sich noch nicht, die Herrschaft zu brechen. Zu groß waren der Schmerz und die Demütigungen der letzten Äonen gewesen.

In der Vergangenheit hatten sie schon viele Male versucht, Lucas Herrschaft abzuschütteln. Doch er hatte sie immer wieder neu eingefangen und unter neue Formen seiner Regentschaft gebracht. Er hatte die Repräsentanten ausgewechselt und war von der offenen Versklavung zu einem freiwilligen Dienst im Tausch für Nahrung und Lebensunterhalt übergegangen. Aber es war immer er gewesen, der die Strippen zog. Und es war immer dasselbe System der Zerstörung und Ausbeutung gewesen, das er wieder eingeführt hatte. Alle Aufstände der Manus hatten keine Freiheit gebracht.

Ein gemeinsamer Streik aller Manus auf dem gesamten Planeten, ihre vereinte Verweigerung hätte Lucas Herrschaft sofort den Boden entzogen. Aber die Manus fürchteten, ohne Lucas Herrschaft verloren zu sein. In den langen Zeiten unter Lucas Herrschaft waren sie völlig von der natürlichen Ordnung des Lebens entfremdet worden und wussten nicht mehr, was Leben, Freiheit und Harmonie waren. Sie konnten nicht mehr miteinander im Frieden sein, Streit, Neid und Missgunst prägte ihren alltäglichen Geisteszustand. Sie wussten auch nicht mehr, wie sie friedlich, von Herz zu Herz miteinander kommunizieren konnten. Als Kinder schon waren sie in ihrer Natürlichkeit beschnitten und zu willigen Dienern Lucas erzogen worden.

Luca hatte sie so voneinander abgetrennt und so viel Zwietracht gesät, dass die Vereinigung, die nötig gewesen wäre, um seine Herrschaft zu brechen, nicht mehr möglich schien.

Die Manus fürchteten sich davor, wieder selbst die Verantwortung für ihr Leben zu übernehmen und erwarteten ein unsägliches Chaos, wenn Luca nicht mehr herrschen würde. Ohne Lucas Zwang zum Dienst würde bestimmt niemand mehr freiwillig dienen, und die ganze Gesellschaft würde verwahrlosen, davon waren sie fest überzeugt. Dabei bedachten sie nicht, dass sie, obwohl gebeugt und ausgelaugt, sich in ihrer Freizeit immer noch gegenseitig halfen, ohne Papier oder Zahlen dafür zu verlangen. Viele Manus hatten wundervolle Ideen für Hilfsprojekte, gegenseitige Unterstützung, Tausch und Veränderung. Ihre Kreativität und Hilfsbereitschaft war trotz Lucas Ausbeutung nicht ganz gebrochen.

Trotz ihrer Furcht waren sich die Manus jedoch einig, dass die Zerstörung des Planeten durch sie selbst und die Repräsentanten Lucas ein Ende finden musste. So riefen sie noch in gewohnter Weise nach neuen Repräsentanten, die eine Veränderung einführen sollten. Irgendjemand sollte dem Treiben Einhalt gebieten und eine neue Ordnung herbeiführen.

Doch sie kamen nicht auf die Idee, es selbst zu tun. Zutiefst waren sie von ihrer eigenen Unfähigkeit, selbstbestimmt in Harmonie zu leben, überzeugt. Keiner der Manus glaubte noch daran, ein freies Wesen oder gar ein Schöpfergott zu sein.

Mittlerweile stieg das Niveau von Energie und Licht aufgrund des galaktischen Frühlings und der Energieeinspeisung in den Planeten immer weiter an. Dadurch wurde die Genetik der Manus stimuliert, und ihre verkümmerten und vergifteten Antennen konnten die Signale aus den höheren Dimensionen wieder besser empfangen.

Sie spürten den Ruf der Geschwister aus den Dimensionen, die sie erwecken wollten. Und in großen Zahlen begannen sie sich endlich, nach Jahrtausenden der hypnotischen Trance, wieder an ihre einstige Wahrhaftigkeit und ihre Fähigkeiten zu erinnern und schöpften wieder neuen Mut.

Luca hielt mit dem gigantischen Informationsnetz, das er nach seinen Zahlen benannt hatte, die Manus zwar unter seiner Überwachung, aber damit hatte er sich unwissentlich auch eine Falle gestellt. Zu viele schockierende Wahrheiten waren ungeplant durch die Informationsnetze gerutscht und hatten den Glauben der Manus an die rechtschaffene Fürsorge Lucas erschüttert.

Dank der vermehrten Einstrahlung der planetaren Energien spürten immer mehr Manus, dass Lucas Weltbild nicht stimmen konnte.

Inzwischen machten auch die Gesandten aus den Lebensdimensionen mit ihren intakten Erinnerungscodes und Energieantennen rege von Lucas Technologien Gebrauch. Auch sie nutzten Lucas Informationsnetz, um die Manus in der neuen Zeit, des galaktischen Frühlings zu erreichen.

Über dieses gigantische Netz sendeten sie alle wichtigen Informationen aus dem multidimensionalen Bewusstsein an alle Manus. Da es blitzartig über den gesamten Planeten verbreitet wurde, war das Wissen überall an jedem Ort sofort verfügbar und wurde rege abgerufen.

Jeder Manu, der mit den Botschaften der Dimensionen in Berührung kam, spürte sofort intuitiv in seinem Herzen die Wichtigkeit und Wahrheit der Meldungen. Dies sorgte für ein rasches Erwachen der Manus.

Als Luca das erkannte, versuchte er zunächst die übermittelten Botschaften lächerlich zu machen und dem öffentlichen Gespött frei zu geben. Dann versuchte er, die Massen gegen die Gesandten aufzuhetzen. Auch das funktionierte nicht wie gewünscht. Denn sobald ein Manu die Wahrheit gehört hatte, konnten Lügen ihn nicht mehr nachhaltig beeindrucken.

Luca, der die Verwirrung der Geschwister ausgenutzt hatte, um sich selbst zum Herrscher und Gott über Mania zu erklären, wurde für viele Manus durchschaubar. Die Zeit des Vergessens ging zu Ende, und die Wahrheit konnte nicht länger versteckt werden.

Zunächst war es ein einsamer Weg des Hinterfragens und Forschens, den jeder Manu für sich selbst gehen musste. Er musste sich selbst wieder finden und zwischen den Lügen Lucas nach Wahrheit forschen. Mit jeder Erkenntnis änderte er seinen Sinn und seine Absichten. Je weiter er voranschritt, desto mehr erkannte er, dass er seine Ausrichtung, sein Denken sowie seine Lebensweise verändern musste. Der Weg der Umgewöhnung war nicht einfach, denn nach jahrtausendelangem Irrgang in einer Welt, die von Luca beherrscht worden war, saßen die Programmierungen aus dem Hades fest in allen Köpfen. Aber wenn der Prozess einmal begonnen hatte, gab es keine Umkehr mehr.

Je mehr die Manus über ihre Herkunft erkannten, desto klarer wurde ihnen, dass eine Änderung ihres Umgangs mit sich selbst und mit der Umwelt von Nöten war. Als sie sich wieder daran erinnerten, ein Aspekt der Quelle zu sein, der mit dem großen gesamten Lebensfeld in Verbindung steht, waren sie für Lucas Propaganda nicht mehr empfänglich.

So schlossen sich viele Manus den Gemeinschaften der Geschwister aus den Dimensionen an, die diese inzwischen aufgerichtet und vorangebracht hatten. Das dortige Leben war ganz anders als ihre gewohnte Lebensform. Dafür aber mussten sie nun keine Angst mehr vor Not und Mangel haben.

Langsam näherten sie sich wieder dem Leben an und besannen sich auf ihre frühere, natürliche Geisteshaltung der Achtung vor allen Lebewesen. Gleichzeitig entwickelten sie wieder Selbstachtung und Selbstvertrauen in ihre individuelle Kraft. So erinnerten sie sich wieder an ihre Schöpfermacht und an die ihnen innewohnende Göttlichkeit. Je mehr sie sich auf diesem Weg weiter erforschten, erkannten sie ihre wahre, verschüttete Identität als Schöpfergötter, die herabgestiegen waren, um die Geschwister des Hades heimzuführen, und lernten, ihre Schöpferkräfte wieder zum Wohle aller Wesen und des Lebens einzusetzen.

Als sie ihre wahre Identität erkannt hatten, hörten sie auf, Lucas Energien von Zwietracht, Neid und Krieg aufzunehmen und zu verstärken. Sie weinten um Mutter Gaia, die sie zu Mania gemacht, ausgebeutet und ihrer Lebenskraft beraubt hatten. Als sie die Wahrheit begriffen, änderten sie immer tiefer ihren Sinn und ihren Umgang untereinander. Sie heilten die Schäden, die sie an Gaia verursacht hatten und achteten jedes Lebewesen. Sie aßen die Geschwister Anima nicht mehr, und ihre Körper wurden so sensibel, dass ihre feinstofflichen Antennen rasch wieder empfangsbereit waren, um sich endlich wieder vollumfänglich am immerwährenden Fluss der Lebensquelle aufzuladen. Das Leid der Geschwister Anima war somit beendet.

Je mehr Manus ihren Sinn und ihre Lebensform änderten, desto mehr änderte sich die Energie auf dem Planeten. Nachdem die ersten Manus wieder zurück in ihre Schöpferkraft und Macht gefunden hatten, gab es große Wellen des Erwachens auf dem Planeten. Ein Manu nach dem anderen erwachte aus seinem jahrtausendelangen Trancetaumel und erkannte sich selbst und den Ernst der Lage.

Jos Rede an die Manus

„Entzieht euren Geist Lucas Beeinflussungen. Gebt seinen Reden keine Beachtung mehr. Ihr habt gewaltige Schöpferkräfte, die Luca für seine Zwecke missbraucht hat. Ihr habt manifestiert, was er wünschte.

Stellt euch ihm nicht mehr zur Verfügung. Lasst euch nicht länger von ihm beherrschen!

Übernehmt selbst die Führung eures Geistes, eurer Absichten und Emotionen. Achtet auf eure Worte und Taten. Besinnt euch auf das Wohl aller Wesen.

Nicht Luca ist euer Meister, sondern ihr selbst seid große Meister. Ihr seid Götter und Schöpfer des Lebens. Eure Beobachtung ist schöpferisch. Eure Aufmerksamkeit und Absicht hat gewaltige Manifestationskraft. Eure Gefühle sind Instrumente der Schöpfung.

Richtet euren Blick auf die Ordnungen des Lebens und beachtet, wie die Schöpfungen des Lebens gestaltet werden. Ändert Euren Sinn zum Wohle aller Lebewesen und der Einheit.

Erinnert Euch. Ihr wart glänzende, herrliche Lichtschöpferwesen von atemberaubender Schönheit und Weisheit. Ihr wart die Hellsten und Schönsten unter uns allen in allen Dimensionen. Wir haben euch ausgewählt, weil ihr die Fähigsten unter uns wart. Erinnert Euch: Ihr selbst seid mächtige Schöpfergötter und Meister der Materialisierung.

Wir haben für euch Lebensschulen eingerichtet. Hier könnt ihr und eure Kinder den lebensfördernden Einsatz eurer Schöpfungsmacht wieder üben. Lernt wieder, das Leben zu achten und zu erhalten. Lernt wieder, in den Ordnungen der Lebendigkeit zu wandeln und in all eurem Ausdruck zu eurem ursprünglichen Wesen zurückzukehren."

Die meisten Manus folgten Jos Worten. Sie gelangten wieder in ihre wahre Präsenz und konnten nun den ehemals übernommenen Auftrag wieder übernehmen und vollenden. Die Wahrheit über ihr wahrhaftiges Sein, die Luca jahrtausendelang unterdrückt und verborgen hatte, befreite sie dazu, ihr gesamtes göttliches Potenzial in ihrer pyhsischen Existenz zu entfalten und auszudrücken. Die Wahrheit gab ihnen die Macht zurück, ihre Schöpferkräfte bestimmungsgemäß anzuwenden. Damit ermächtigten sie sich selbst, gemäß den Spielregeln der Quelle eine neue Welt zu manifestieren. Die Erkenntnis der Wahrheit über sich selbst heilte ihr eigenes Leben, ihre Beziehungen untereinander und brachte ein neues Verhältnis zu ihrer Mitwelt und den anderen Geschöpfen Gaias hervor.

Als die Wellen des Erwachens überall auf dem Planeten die lichten Energie in die Erde strömen ließen, atmete Gaia auf. Durch die Kraft der Schwingung, welche die Manus nun erzeugten, konnte Gaia Lucas künstliches Magnetfeld von innen her abschwächen. Dadurch gelangten große Mengen von der Lichtenergie des galaktischen Frühlings aus den Dimensionen auf den Planeten. So geschah eine Kettenreaktion -- ausgelöst durch das Erwachen der Manus aus der hypnotischen Sklaverei unter Luca. Gemeinsam installierten sie die gesamte eingestrahlte Lebensenergie aus den Dimensionen, so dass der ganze Planet in eine neue, höhere Schwingung versetzt wurde, und das von Luca installierte Magnetfeld brach nun vollständig in sich zusammen.

Die zweite Zeitlinie

In dem Moment, in dem das Magnetfeld zusammenbrach, tat sich, zunächst völlig unbemerkt, eine neue, zweite Zeitlinie auf. Auf dieser neu entstandenen Zeitlinie wurde Gaia wiedergeboren. Nun hatte sie eine Zukunft, in der erneut Leben in Frieden und Einklang möglich waren. Parallel existierte aber auch Mania auf der ursprünglichen Zeitlinie unter Lucas Herrschaft weiter.

Beide Zeitlinien existierten parallel nebeneinander und beeinflussten sich gegenseitig. Es gab sozusagen am selben Ort im Korridor zum Hades zwei Planeten: Mania, Lucas Einflussgebiet und Gaia, die damals, als Luca die Macht übernommen hatte, untergegangen war und nun in ihrer ursprünglichen Schönheit und Kraft wieder auflebte.

Die Manus sowie die Wesen, die inzwischen aus dem Hades inkarniert waren und sich nach der Rückanbindung an die Lebensquelle sehnten, fanden sich zunächst unbemerkt auf der neu erschaffenen Zeitlinie auf Gaia

wieder und gingen dem galaktischen Sommer und der Heilung von Gaia entgegen.

Diejenigen, die weiterhin an Lucas Propaganda glaubten und keine Alternative zu seinem Machtsystem anerkennen wollten, blieben weiterhin auf der alten Zeitlinie für Mania unter der Gewalt von Luca. So durchmischten sich in dieser Übergangsphase die verzerrten, dunklen Schwingungen von Mania und die lichten Schwingungen von Gaia. Die Manus schienen auf demselben Planeten zu leben, und doch befand sich der eine bereits auf Gaia, und der andere befand sich noch auf Mania unter Lucas vollem Einfluss und Tyrannei. Mania ging weiterhin auf die von Luca vorbereitete Zukunft zu. Diese hielt die seit Tausenden von Jahren angekündigten katastrophalen Kriege mit großen Umweltkatastrophen sowie die vollständige Unterwerfung aller Wesen unter Maschinen bereit. Anfangs hatte die Zeitlinie Lucas noch großen Einfluss auf das Leben in der neuen Zukunft auf Gaia. Nur waren die Auswirkungen abgeschwächt und nicht so gravierend wie auf Mania.

Jo blieb weiterhin auf Gaia und wurde nicht müde, die Manus zu schulen und zu ermutigen. Und viele der Gesandten blieben ebenfalls auf Gaia, um die Geschwister zu unterstützen und um an dem wundervollen Umbruch teilzuhaben. Noch liefen die Zeitlinien von Mania und Gaia parallel nebeneinander her, so dass ein Sprung von einer Zukunft in die andere möglich war. Dies geschah durch die geistige Ausrichtung. Jedes Wesen, dass sich nach Freiheit und Leben sehnte und aufrichtig danach suchte, konnte die Zeitlinie wechseln. Und so geschah es auch weiterhin, dass täglich weitere Manus und ehemalige Hadeswesen sich aufgrund ihres Wunsches und ihrer Ausrichtung von der Trübsal auf Mania selbst in die neue Zukunft von Gaia verschoben.

Die Rückkehr Lucas und seiner Hades-Mitschöpfer

Auf einer früheren Reise nach Mania hatte Jo das Bild vom verlorenen Sohn im Bewusstsein des Planeten verankert: Der Sohn verließ das Haus des Vaters, um in der Ferne sein Glück zu machen. Als er nach langer Reise verarmt und schmutzig zum Vater zurückkehrte, veranstaltete der Vater ein großes Fest. Dieses Gleichnis war ein Bild für Luca, der eines Tages nach Haus zurückkehren würde. Und die Quelle würde ihm keine Vorwürfe machen, sondern alle Dimensionen warteten bereits sehnsüchtig auf diesen Tag, an dem das Leiden der Wesen endgültig beendet werden könnte. Die Rückkehr Lucas war unabdingbar, um wieder vollständige Harmonie in die Lebensreiche zu bringen. Deshalb hatten alle Wesen größte Anstrengungen unternommen.

Das größte Fest würde stattfinden, wenn Luca, der erste, der abgestiegen war, als Letzter zurückgekehrt war. Dann würden das Todesreich sowie der Korridor für immer versiegelt werden können und sich, da ihnen keine Energie mehr zufloss, auflösen.

Inzwischen erreichte die Energieeinstrahlung aus den Dimensionen ungefiltert und ungebremst den wieder erstandenen Planeten Gaia. Das Energieniveau hatte sich dramatisch verändert. Alles war feinstofflicher geworden. Die Wahrheit hatte unzählige Wesen befreit. Nun weigerten sie sich endgültig, den Gesandten des Hades zu dienen. Auch produzierten sie keine Energie für den Hades mehr, da sie sich nicht mehr zu fürchten brauchten. Ihre Energie nährte nun ihren eigenen Entwicklungsprozess, und ihre Kreativität floss vielfältigen lebensfördernden Projekten zu.

Die mit Luca im Hades verbliebenen Wesen hatten nicht mehr genug Futter und wurden allmählich ausgehungert. Viele ehemalige Wesenheiten aus dem Hades hatten sich inzwischen auf Mania physisch inkarniert. Die neue Lichteinstrahlung des galaktischen Frühlings erreichte auch sie. Sie konnten ihre niedrige Schwingung der Angst nicht mehr aufrechterhalten. Ihre Körper wurden von der Lebensenergie angestrahlt, und ihr künstlich erschaffenes, auf Losch beruhendes Stoffwechselsystem brach zusammen. Sie hatten nun die Wahl, das neue Energieniveau aufzunehmen und ihren Stoffwechsel darauf einzustellen, oder wieder in den Hades zurückzukehren.

Einer nach dem anderen entschied sich für das Leben und die Rückanbindung seiner Energie und Nahrung an die Quelle. Durch die Rückbesinnung erkannten sie, was sie getan hatten, und ein großes Wehklagen erklang. Durch die erneuerte Verbindung mit der Lebensquelle empfanden sie wieder Mitgefühl, und ihr natürliches Empfinden wurde wieder hergestellt. Sie erinnerten sich wieder an die Ordnungen des Lebens zum Wohle aller Wesen. Danach spürten sie all das Leid, das sie den Lebewesen zugefügt hatten. Sie bereuten aufrichtig und mit unaussprechlichen Schmerzen, was sie getan hatten. Ihr glühendster Wunsch war es, für den Rest ihrer physischen Existenz alle ihre Vergehen wieder gut zu machen. Und so tat jedes Wesen, was es konnte, um dem Leben wieder Wertschätzung und Achtung zurückzugeben.

Luca war als erster in den Korridor gestürzt und musste daher der Letzte sein, der wieder heimkehren konnte. Und so war er mit einigen wenigen Mitschöpfern im Hades verblieben. Aber es gab nicht mehr genügend Wesen, die sie berauben konnten. So mussten sie den Druck auf Mania erhöhen, um von den dort verbliebenen Wesen noch Angstenergie und Qual ernten zu können. Und sie beraubten sich gegenseitig, doch es reichte nicht mehr zum Überleben. Wenn sie weiter im Hades blieben, drohte der endgültige Hungertod. Sie würden vollständig zugrunde gehen.

Da entbrannte Lucas Zorn. Sein Reich war entvölkert und unterversorgt. Bisher hatte er immer durch Gesandte des Hades auf Mania geherrscht oder ihre physischen Körper für eine kurze Zeit besetzt. Aber nun wollte er selbst höchstpersönlich auf Mania in Erscheinung treten. Er würde die Wesen dort gründlich das Fürchten lehren und genügend Angst und Schrecken erzeugen, um sich noch einmal zu sättigen.

Luca wusste, dass er bereits verloren hatte und ihm nur noch wenig Zeit blieb, aber er wollte so viele Seelen wie möglich mit sich in den Abgrund reißen. Er beschloss, auf Mania zu inkarnieren, um in einem eigenen physischen Körper seine Wut und Hass über die Wesen zu bringen. Der Tag des

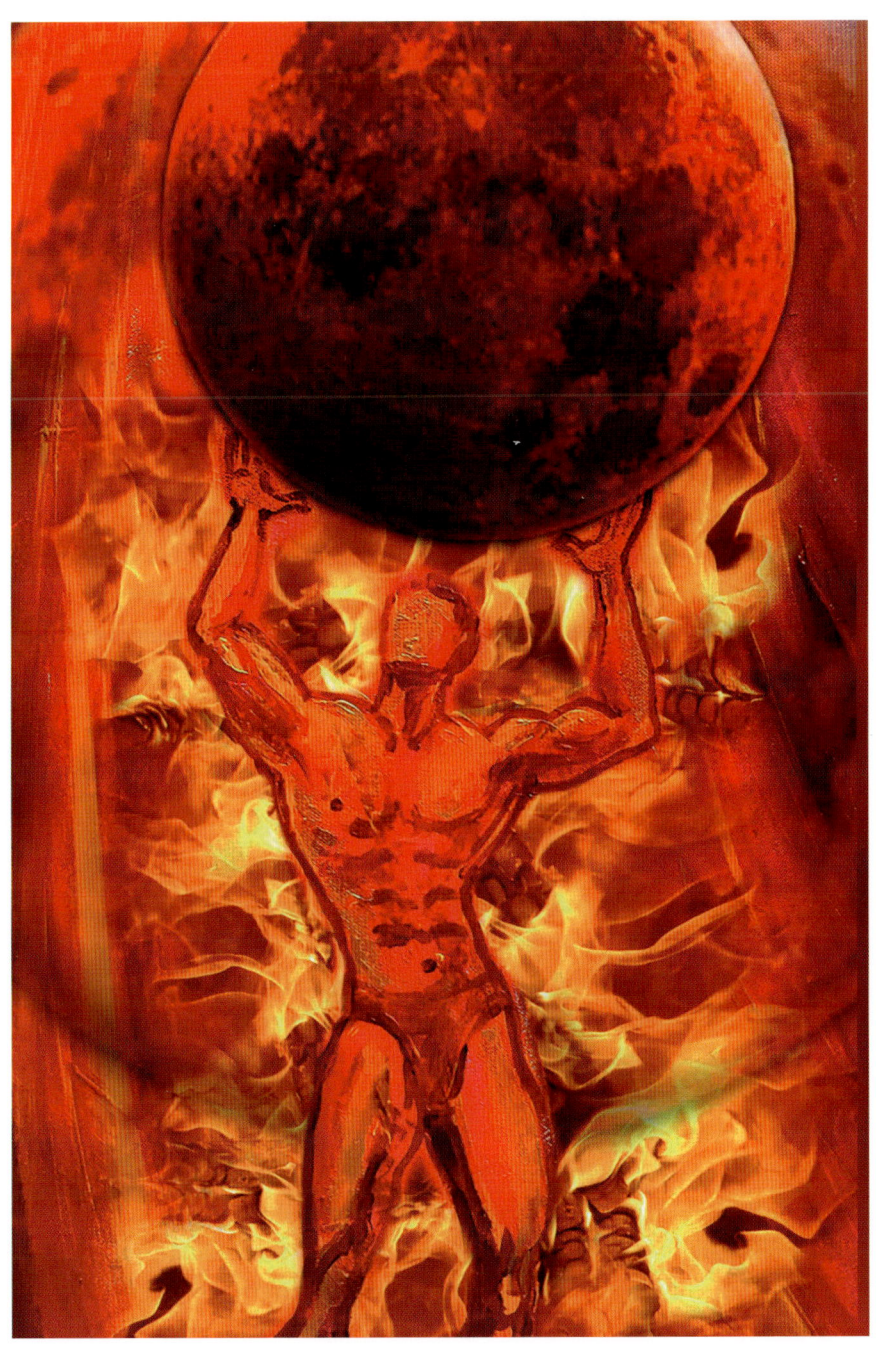

Herrn war gekommen. Er wollte Gericht halten über seine untreuen Untertanen, die ihm nicht dienten und ihn nicht mehr sättigten.

Auf Gaia war die Energie inzwischen zu hoch. Dort gab es für ihn keine Nahrung und auch keinen Zutritt mehr. Er wäre dort im Licht der Quelle vergangen. Aber Mania war sein Reich, und dort hatte er die Lichteinstrahlung des galaktischen Frühlings mit allen verfügbaren Terrormaßnahmen ausgeglichen. Dort konnte er sich noch verkörpern. Da die Zeitlinien von Gaia und Mania zunächst noch parallel verliefen, konnte er mit seinem Erscheinen noch großen Schrecken auch für die Wesen erzeugen, die sich bereits in Gaias Zukunft befanden.

So machte sich Luca nun mit seinen engsten Untertanen auf den Weg nach Mania, um dort sein abschließendes Unwesen zu treiben. Luca instruierte seine Repräsentanten auf Mania, diese persönliche Ankunft vorzubereiten und gab strikte Anweisungen für die kurze Zwischenzeit, bis sie ihre persönliche Herrschaft in einem physischen Körper würden antreten können.

Hierfür suchten sie sich die passenden Eltern aus, die seelenverwandt mit ihnen waren und die ihnen schon früher im Hades bereitwillig gedient hatten. Diese wurden von ihrer baldigen Ankunft in Kenntnis gesetzt.

Hier auf Mania würden diese Eltern ihnen einen physischen Körper verschaffen und den Weg bereiten, um bald ihre Herrschaftspositionen einnehmen zu können.

Als sie auf Mania eintrafen, waren sie im Vollbesitz ihrer geistigen Kräfte, ihres Wissens um ihr individuelles Wesen und um die von ihnen geplante Aktion. Sie zeigten schon vom ersten Atemzug an alle ihre persönlichen Merkmale und ihre Absicht, die Bewohner von Mania zu terrorisieren, traumatisieren und ihrer Energie zu berauben. Bald übernahmen sie von ihren zwischenzeitlichen Stellvertretern wieder das Zepter. Ihre physische Anwesenheit auf Mania war strengstens geheim. Die Öffentlichkeit wusste nichts von ihrer Ankunft.

Um ihre Macht auszuüben, benutzten sie weiterhin ihre Präsentanten, die den Manus bekannt und vertraut waren. Diese durften in Lucas Auftrag die Bevölkerung verwalten und betören. Die wahren Mächtigen im Hintergrund, Luca und seine Untertanen, blieben weiterhin wie gewohnt im Verborgenen und unerkannt. Sie zettelten große Kriege an. Alles, was sie jahrtausendelang angedroht und angekündigt hatten, vollzogen sie nun. Sie tobten ihre Wut gründlich aus, brachten die größte Trübsal über Mania und veranlassten die schlimmsten Greultaten.

Die Wesen, die sich noch in der Zeitlinie von Mania befanden, litten große Not. Luca wollte endlich wieder satt werden von der Qual der Wesen. Und er musste viel Leid erzeugen, um die Lebenseinstrahlung des galaktischen Frühlings auszugleichen. Viel Aufwand musste betrieben werden, um das Leben auf Mania zu erdrücken. Die Erschütterungen waren so stark, dass sie sich auch auf die neu entstandene Zeitlinie auf Gaia auswirkten. Die Wesen, die sich bereits in der Zukunft von Gaia befanden, erschauderten vor Entsetzen und Mitgefühl für die leidenden Wesen, sie lebten jedoch auf Gaia in Sicherheit. Luca konnte sie nicht mehr schädigen. Sie waren für ihn bereits nicht mehr erreichbar.

Bedingt durch das unaussprechliche Leid auf Mania schrien die geschundenen Wesen nach Rettung. Sie sehnten sich so sehr nach Sicherheit und einem guten, wahren Leben. Ihre Absicht und ihre Sehnsucht bewirkten häufig, dass sie plötzlich die Zeitlinie wechselten. Sie wussten dann meist selbst nicht, wie es geschehen war, aber ganz unerwartet fanden sie sich auf der neuen Zeitlinie von Gaia wieder. Durch ihre Abwendung von Luca und ihre Hinwendung zum Leben geschah dieser Sprung in die andere Zukunft zunächst unbemerkt. Solange die Zeitlinien noch parallel liefen, war das möglich. Diese Manus glaubten zwar, sich noch unter den geschundenen Wesen von Mania zu befinden, in Wirklichkeit gehörten sie aber bereits der Zukunftsline von Gaia an.

Als der Druck schließlich unerträglich wurde, wandten sich auch die letzten auf Mania verbliebenen Wesen von Luca ab. Auch sie wollten ihm nicht mehr als Nahrungsquelle dienen und suchten in ihrer Pein neue Auswege. Durch ihre Sehnsucht nach Leben gelangten auch die letzten Manus sowie die restlichen ehemaligen Hadeswesen auf die neue Zeitlinie. Am Ende des Prozesses war Mania verlassen. Nur Luca und seine eifrigsten Diener und Vertrauten waren dort zurückgeblieben. Sie hatten nicht die Absicht gezeigt, sich wieder dem Leben zuzuwenden.

Fast unbemerkt hatten sich die zwei Zeitlinien von Mania und Gaia voneinander entfernt. Der parallele Lauf war beendet. Nun gab es keine

Möglichkeit mehr, die Zeitlinien zu wechseln. Das Energieniveau auf Gaia war nun so hoch, dass ein Sprung dorthin nicht mehr möglich war. Luca war ohne Nahrung auf Mania gestrandet, wie zuvor im Hades.

Der galaktische Frühling neigte sich dem Ende zu. Die vom Zentrum des Universums einstrahlenden Energien waren so stark, dass der galaktische Sommer eingeleitet war. Für Mania waren diese Lebensenergien zu hoch und unerträglich. Das große Leid und die vielen Gewalttaten hatten Mania noch weiter verfinstert. Sie war weiter in den Hades abgestiegen, während Gaia sich auf dem Weg in die Lichtdimensionen befand.

Nun war wieder eine Chance verpasst, zur Lebensquelle zurückzukehren. Luca und seine Diener sollten die letzten sein, die diesen Weg beschreiten durften. Vorerst waren sie für ein gesamtes galaktisches Jahr auf Mania eingeschlossen. Die nächste Chance würde erst im nächsten Frühling wiederkehren. Aber bis dahin würden sie sich gegenseitig verzehrt haben. Sie mussten nun, um ihren gewohnten Stoffwechsel mit Leid zu versorgen, sich gegenseitig die Energie rauben und sich gegenseitig Qual verschaffen.

Und so lernte Luca zum ersten Mal das Leid kennen. Denn seine Kumpane waren genauso hungrig und ebenso erfahren im Erzeugen von Qualen wie er. Sie waren für ein ganzes galaktisches Jahr, während eines vollen Umlaufs der Planeten um das galaktische Zentrum, auf Mania gefangen und ganz unter sich. Um zu überleben, taten sie sich nun das Leid gegenseitig an, dass sie früher auf viele Wesen verteilt hatten. Im Hades waren sie satt geworden, auf Mania aber litten sie Mangel, Angst und Todesqualen. Ein voller galaktischer Zyklus musste abgewartet werden, bis sie eine neue Chance für den Aufstieg ins Leben erhalten würden. Die Geschwister aus den Dimensionen wussten über das Drama Bescheid, mussten aber ebenfalls warten, bis ein neuer Zyklus anbrechen würde.

Schwer gebeugt war Luca. Er war am Ende seiner Kräfte. Gefangen auf Mania in Hunger und Elend sah er keinen Ausweg mehr. Er würde nun zugrunde gehen und alle seine Untertanen mit sich reißen. Jetzt bekam er am eigenen Leib und in seiner eigenen Seele zu spüren, was er über Äonen allen seinen Untertanen angetan hatte. Sein ganzer Leib war zerschunden und seine Seele fast erloschen. Sein gesamter Stoffwechsel war aus dem Gleichgewicht geraten. Seine Macht war endgültig gebrochen.

Da erkannte er, dass in ihm ein Gefühl erwacht war. Zwar spürte er nur so etwas wie Leid, aber es war ein erstes Gefühl. Alle seine entsetzlichen Gewalttaten liefen wie ein Film vor seinem Auge ab, und er spürte alle Qualen, die er in den Äonen seiner Herrschaft seinen Mitgeschwistern angetan hatte. Jetzt brach er unter überwältigendem Schmerz zusammen. Dieses Leid war unerträglich. Er schrie auf und wand sich in unendlichen Qualen, aber es war keine Hilfe da. Er durchlief nun alle Schmerzen der Äonen.

Als er nach langer Zeit benommen wieder zu sich kam, fühlte er tiefste Reue. Was hatte er da getan? War er von Sinnen gewesen? Wie war es dazu gekommen? Da fiel ihm wieder ein, dass er einen eigenen Machtbereich hatte haben wollen, zu seinem alleinigen Wohl und seiner Ehre, getrennt von der Lebensquelle. Ja, damals im Lebensreich war er ein prächtiger, glänzender Schöpfergott gewesen. Er hatte besser sein wollen als Jo der Erstgeborene und unabhängig von der Quelle. Er hatte sich selbst verwirklichen wollen. So war er zu dieser Entscheidung gelangt, die Dualität zu erschaffen. Und nun lag er betäubt, einsam und beschämt in seinem eigenen Dreck, ohnmächtig, verelendet und würdelos. Dahin hatte ihn sein Ehrgeiz also gebracht.

Luca begann sich zu schämen. Wieder ein neues Gefühl, dass er nie gekannt hatte. Er hatte nicht gewusst, wie sich Leid anfühlte, und hatte auch nicht Reue, Ausweglosigkeit und Scham gekannt. Eine ganz neue Erlebniswelt tat sich für ihn auf. Niemals in aller Ewigkeit würde er alle die Verbrechen, die er begangen hatte, wieder gut machen können. Es gab für ihn keine Zukunft mehr. Luca, der einst leuchtende Stern und spätere Tyrann im Hades war vollständig am Ende. Jetzt, an diesem Punkt, war er bereit, den Tod in Empfang zu nehmen. Er wollte lieber für ewig vergehen, als diese Qualen weiter erleiden zu müssen. Jetzt, wo die Erkenntnis so klar vor ihm stand und in allen Einzelheiten zu fühlen war, sah er keinen anderen Ausweg, als für ewig ausgelöscht zu werden. Er würde nun einsam und in Schande vergehen.

Als er meinte, sich aufzulösen, da durchzuckte ihn ein Blitz und belebte ihn wieder. Er konnte nicht sterben! Der Blitz hatte ihn wieder zurückgerufen. Und er hörte dreimal seinen Namen. In tiefer Scham grub er sein Gesicht in die Erde von Mania, denn er erkannte die Stimme, die ihn rief: Es war die Urquelle! Nach Äonen der Trennung kannte er sie immer noch genau. Die Quelle wusste alles. Sie hatte alles miterlebt und jedes Leid mitgefühlt. Vor Ihr war nichts verborgen, denn sie durchdrang alles Leben. Luca wäre lieber vergangen, als eine Begegnung mit der Quelle zu haben. Sie durchschaute ihn bis in alle seine geheimsten Tiefen. Er war nackt und bloß vor ihr. All sein Stolz war gebrochen.

Vor seinen inneren Augen lief ein neuer Film vor ab. Die Quelle ließ ihn ein Geheimnis wissen. Er sah sich vor seiner Geburt als Teil der Urquelle. Er war der stärkste Schöpferaspekt mit unendlicher Kreativität und Fantasie. Er war der Aspekt der Quelle, der stets Neues hervorbringen wollte und immerwährende Wandlung erzeugte.

Als die Urquelle diesen einen besonderen Aspekt aus sich hervorbrachte und in die Lebensdimensionen gebar, war ihr bewusst gewesen, dass dieser besondere Wesensteil ihrer selbst durchaus in der Lage sein würde, über die gegebenen Schöpfungsgrenzen herauszutreten und sich unabhängig zu machen. Die Quelle kannte sich selbst genau, und somit war ihr bewusst: Wenn sie diesen einen Aspekt gebar, musste sie damit rechnen, dass dieser in seiner grenzenlosen Kreativität über seine Grenzen treten würde. Daher hatte sie bereits vor der Geburt Lucas einen Plan ersonnen, wie solch ein Vorfall zu heilen wäre.

Da erkannte Luca den Weltenplan. Luca hatte als Schöpferaspekt, als Wesensanteil der Quelle getan, was in seiner Natur lag. Er hatte seine grenzenlose Kreativität ausgelebt auf eine Weise, die es bisher noch nie gegeben hatte. Doch die Quelle hatte schon vor seiner Geburt einen Plan gemacht, wie sie eine solche Entgleisung wieder heilen würde. Sie wusste genau um das Risiko, als sie Luca gebar. Doch mit der Entgleisung Lucas würden für den Rest der Ewigkeit alle Wesen eine wichtige Lektion gelernt haben: Schöpfung darf stets nur zum Wohle aller Wesen geschehen. Macht und Kreativität mögen grenzenlos sein, diese Grenze jedoch muss von jedem Wesen in freien Willen selbst eingehalten werden.

Luca war zum ewig mahnenden Beispiel für alle Wesen geworden. Zutiefst beschämt blickte Luca zu Boden. Warum musste gerade ich das sein? fragte er sich. "Mein Kind, du bist, was du bist: ein Aspekt meiner unendlichen Schöpferkraft. Ich habe dir einen Rahmen gegeben, in dem du dich

entfalten kannst. Du gehörst immer zu mir. Deine Zeit ist gekommen, endlich wieder nach Hause zurückzukehren."

Wie sollte das gehen? Was würden seine Geschwister sagen? Wie würden all die Wesen reagieren, die er geschunden und gequält hatte? Doch sie alle hatten sich freiwillig zur Verfügung gestellt, um ihm den Rückweg nach Hause zu ermöglichen.

"Für deine Geschwister ist gesorgt. Sie sind alle wieder heimgekehrt. Ich habe ihre großen Schmerzen geheilt. Ihre Seelen sind unversehrt. Alle Wesen in allen Dimensionen sind durch dein Lehrstück um eine wichtige Erkenntnis reicher geworden. Du bist der letzte Teil von mir, der jetzt noch fehlt. "

Luca fühlte sich zutiefst berührt und weinte. Die Liebe der Quelle war überwältigend. Wie hatte er sich jemals davon entfernen können? Er wollte für den Rest seines Daseins nur noch in Liebe zur Quelle und seinen Geschwistern handeln. Seine Schöpfungen sollten in Zukunft nur noch zum besonderen Wohle aller Wesen beitragen. Er wollte zukünftig ein Diener des Lebens sein.

Ein tiefes Verlangen erfasste ihn, wieder zur Quelle heimzukehren. Da öffnete sich ein Dimensionstor, und ein Licht durchflutete seine Seele. Ein gewaltiger Sog zog ihn geradewegs durch das Dimensionstor.

Er wurde schneller als das Licht durch den Korridor gesaugt und durchquerte alle darin befindlichen Dimensionen. Wie der Blitz, als der er damals in den Korridor gestürzt war, so raste er nun aufwärts.

Hinter ihm schloss sich der gewaltige Korridor, der über Äonen hinweg das vereinte Lebensfeld wie eine tiefe Wunde durchschnitten hatte. Die Dualität löste sich auf, und der Hades existierte nicht mehr. Nun war das Lebensfeld wieder in seinen ursprünglichen Polaritäten vereint.

Luca kam zu sich und bemerkte, dass er direkt zur Quelle gelangt war. Dort wurde er bereits von allen Wesenheiten erwartet. Zu seiner Verwunderung war ein großes, freudiges Fest im Gange. Alle Dimensionen jubelten in größter Ekstase, in dem größten Jubel der Dimensionswesen, den es je gegeben hatte. Der Letzte war nach Hause zurückgekehrt. Die Dualität war aufgelöst. Das Lebensfeld war wieder vereint. Das Leid hatte ein Ende. Alle Dimensionswesen hatten sich an dieser Aktion beteiligt. Endlich, endlich war diese Phase vollendet. Alle Welten atmeten auf.

Die Quelle rief ihn zu sich. "Mein Kind, lege deinen schmutzigen, zerschundenen Umhang ab. Reinige dich und kleide dich in neues Licht, damit du auf unserem Fest in aller Schönheit erscheinst. Dann setze dich, trinke das Wasser des Lebens und stille deinen großen Hunger."

Und Luca begab sich in die Quelle und reinigte sich. Da nahm die Quelle ihn auf und verband sich mit seinem Bewusstsein. Er meinte, bewusstlos zu werden und sich aufzulösen. Doch das störte ihn nicht mehr. Und er gab sich und sein ganzes Wesen der Quelle hin. Wieder liefen die Bilder und Gefühle der vergangenen Äonen an seinem geistigen Auge vorbei. Diesmal erlebte er alle Situationen aus der Perspektive der Quelle. Er fühlte den unerträglichen Schmerz der Wesen und der Quelle. Aber es gab keine Verurteilung. Er erkannte die Tiefe und Vollkommenheit des Weltenplans, in dem er seine Rolle gespielt hatte.

Als er wieder zu sich kam, hatte die Quelle all seine Lasten von ihm genommen. Er war vollkommen umgestaltet. Luca erstrahlte in einem völlig neuen Glanz. Die Quelle hatte ihm ein neues Lebenslicht und einen neuen Namen geschenkt. War sein Glanz früher in der ersten Zeit stolz und blendend gewesen, so leuchtete er nun wie ein Kristall, der alle Regenbogenfarben spiegelte, wenn er von der Quelle angestrahlt wurde. Nichts war mehr zu sehen von der verzerrten, disharmonischen Fratze aus seiner Zeit im Hades. Sein ganzer Stolz und sein Herrschaftsstreben waren transformiert. Nun spiegelte er mit seinem kristallinen Wesen die selbstlose Liebe und Dienstbereitschaft der Quelle weder, die alle ihre Schöpfungen nur zum Wohle des großen Ganzen hervorbrachte. Staunend und fasziniert beobachteten alle Dimensionswesen den Wandel. Nachdem Luca seinen Hunger und Durst mit dem Lebendigen Wasser der Quelle gestillt hatte, stieg er heraus und begab sich in die staunende Menge. Er aber blieb demütig und voller Dankbarkeit. Luca hatte alle Gefühle kennengelernt, die es in der Materie und im Hades zu lernen gab. Er war reich geworden an Erfahrung und hatte die volle Gnade der Quelle genossen. Luca war ein anderer geworden. Von nun an hatte er einen neuen Namen. In dem Moment, als er aus der Quelle aufgestiegen war, hatte diese ihm seinen neuen Namen gegeben:

"Servo della vita": Diener des Lebens.

Zur Entstehung dieses Buches

Als meine Ur-Oma starb, war ich noch ein Kind im Kindergarten. Aber nachts trieb mich der Gedanke um, was wohl passiert, wenn wir sterben. Wo gehen wir hin? Liegen wir dann für den Rest aller Ewigkeit in einem Grab in der Dunkelheit? Ist das alles? Wofür leben wir überhaupt, wenn unsere Zeitspanne nur etwa 80 Jahre umfasst? Werden wir dann am Ende einfach von den Würmern gefressen?

Als mein Vater starb, war ich 13 Jahre alt. Und wieder hatte ich Fragen, die mir niemand beantworten konnte und von denen sich die Erwachsenen in meinem Umfeld peinlich berührt fühlten. Wo war mein Vater jetzt? Gab es ihn noch? Würde ich ihn jemals wieder sehen, oder musste ich mich damit abfinden, dass er nun ausgelöscht war und nicht mehr existierte? Würde es jemals noch eine letzte Aussprache geben, oder waren bei ihm nun alle Erinnerungen an mich und an unser gemeinsames Leben verloren? Einen Tag nach seinem Tod hatte ich einen sehr lebhaften Traum, in dem er mich von weit her anrief, um mir letzte Empfehlungen zu geben. Diesen Traum werde ich niemals vergessen.

Ich konnte mir nicht vorstellen, dass dieses eine kurze Leben alles war, weshalb wir uns abmühten. Das ergab keinen Sinn. Es wollte mir nicht einleuchten, dass der einzige Sinn im Leben sein sollte, so viel wie möglich zu erleben und auszuschöpfen. Wozu sollte das gut sein, wenn nach dem Tod doch alles vorbei und vergessen sein würde? Es musste einen tieferen Grund geben, und den wollte ich für mich finden. Wenn nach dem Tod wirklich alles aus und vorbei wäre, hätte es sich für mich nicht gelohnt, weiter auf der Erde zu bleiben. Niemand schien mit meinen Gedanken etwas anfangen zu können. Sehr viel Angst kam mir entgegen. Meine Fragen schienen peinlich zu sein. So entwickelte sich bei mir ein Trauma, eine große Angst vor dem Verlust durch den Tod. Denn dieses Thema war nicht geklärt worden.

In meinen frühen Kindheitsjahren hatte ich abends vor dem Einschlafen häufig ein sehr unheimliches Erlebnis. Noch wach, im Tagesbewusstsein, fühlte ich mich gleichzeitig über einer überwältigend, großen Kugel schwebend, in der sich eine Öffnung befand. Ich schwebte am Rand der Kugel, oben über der Öffnung und blickte wie gebannt in die Tiefe. Im Inneren der Kugel war es hell, es sah aus, als sei alles mit Spiegeln ausgekleidet. Intuitiv wusste ich, dass es in der Tiefe einen Übergang in ein mir unbekanntes Gebiet gab, in das ich von oben nicht hineinblicken konnte. Ich klebte förmlich am Rande dieser geöffneten Kugel. Wie gebannt blickte ich in die Tiefe und fühlte, dass ich dort hineinspringen würde, ohne zu wissen, was mich dort erwartete. Es war gewaltig. Dennoch hatte ich keine Angst.

Als Nächstes schien sich alles in mir zusammen zu ziehen. Ich hörte ein Knistern und fühlte eine Enge sowie elektrische Spannung.

Nach einer Weile konnte ich wieder die Augen öffnen und mich vergewissern, dass ich in meinem Bett lag.

Als ich älter wurde, verebbte dieses abendliche Erlebnis. Und dann vergaß ich es für die nächsten vierzig Jahre völlig.

Erst als ich bei meinen Recherchen über das Leben und den Tod sowie über den Sinn unseres Daseins weiter voranschritt, erinnerte ich mich eines Tages in einer Meditation wieder daran. Plötzlich sah ich das Bild wieder vor mir, und es war noch genauso klar wie damals. Ich konnte mich an alle Einzelheiten und Gefühle von damals erinnern.

Im Laufe der weiteren Jahre fand ich immer mehr Puzzleteile, die ich mit meiner damaligen „Vision" in Einklang bringen konnte. Was mein Verstand damals nicht verstehen konnte, wurde dann im Laufe meiner fortschreitenden Recherchen für mich deutbar. Immer mehr verband ich die ersten Eindrücke meiner damaligen Vision mit den Erklärungen, die ich in diversen Büchern und Videos fand.

Die erste Vision, die ich in meinem irdischen Dasein hatte, ist nun Grundlage und Ausgangspunkt meiner These über das Leben und den Tod geworden. Ich deute sie heute so, dass ich in der frühen Kindheit eine Erinnerung an ein Leben als fühlendes und erkennendes Bewusstsein vor der jetzigen Verkörperung hatte. Die Kugel, über der mein Geist schwebte, könnte das große Ganze, das alle Dimensionen enthaltende Lebensfeld ge-

wesen sein. Den Abgrund, in den ich blickte, habe ich in meinem Buch den Korridor genannt. Dieser Korridor hat in die ursprüngliche Einheit des Lebensfeldes eine Schlucht der Trennung zwischen den oberen, lichten Dimensionen und den unteren dunklen Dimensionen geschlagen. Lichtwesen durchqueren diesen Korridor, um von einer Dimension in eine Andere zu gelangen. Unterwegs gleichen sie die Energieschwingung ihrer feinstofflichen Körper an die Zieldimension an.

Meine Erinnerung bezog sich auf einen Zustand, in dem ich über einem Dimensionstor schwebte und im Begriff war, von einer Ebene in die andere überzugehen. In der Mitte des Korridors, an der engsten Stelle, spielt sich meiner Vermutung nach das "Drama" ab, das wir heute kollektiv auf der Erde erleben.

Die zweite Zeitlinie, von der meine Geschichte erzählt, ist bereits vorhanden. Eine neue Erde wurde geboren mit einer neuen Zukunft. Bist du bereit für den befreienden Sprung in die neue Zeitlinie? Du bist ewiges Bewusstsein aus der Alleinheit. Du bist ein einzigartiger Gottesfunke mit hoher

Autorität und Schöpferkraft. Blicke hinter den Schleier des Vergessens und erinnere dich an deine Göttlichkeit - so erkennst du die Wahrheit, die frei macht.

Namaste – Mein göttliches Selbst grüßt dein göttliches Selbst.
In Hoffnung für alle Wesen
Caterina.

Danksagungen

Ich danke meinen Freunden, die mich während der Entstehungszeit dieses Büchleins begleitet haben, besonders Anna-Maria Schuhmacher, die mich zur Niederschrift dieses Büchleins inspirierte und ermutigte und mir während des Schreibens wertvolle Unterstützung gegeben hat.

Ich danke Jitka Petrova und den anderen Künstlern für die freundliche Überlassung ihrer wundervollen, spirituellen Bilder.

Ich danke meiner Verlegerin Dagmar Neubronner vom Genius Verlag für ihren sofortigen Entschluss, mein Buch so schnell wie möglich zu veröffentlichen.

Weitere Inspirationsquellen siehe auch auf meiner Homepage
https://www.entdeckung-der-wirklichkeit.de